新时代背景下我国企业升级的税制驱动
与税制扭曲：基于"营改增"的研究

彭　飞　吴华清　著

中国财经出版传媒集团

经济科学出版社
Economic Science Press

图书在版编目（CIP）数据

新时代背景下我国企业升级的税制驱动与税制扭曲：
基于"营改增"的研究/彭飞，吴华清著．－－北京：
经济科学出版社，2022.10
ISBN 978 - 7 - 5218 - 3986 - 9

Ⅰ.①新… Ⅱ.①彭…②吴… Ⅲ.①企业升级 - 增
值税 - 税收管理 - 研究 - 中国 Ⅳ.①F812.424

中国版本图书馆 CIP 数据核字（2022）第 161417 号

责任编辑：赵泽蓬
责任校对：孙　晨
责任印制：邱　天

新时代背景下我国企业升级的税制驱动与税制扭曲：
基于"营改增"的研究

彭　飞　吴华清　著

经济科学出版社出版、发行　新华书店经销
社址：北京市海淀区阜成路甲 28 号　邮编：100142
总编部电话：010 - 88191217　发行部电话：010 - 88191522
网址：www. esp. com. cn
电子邮箱：esp@ esp. com. cn
天猫网店：经济科学出版社旗舰店
网址：http://jjkxcbs. tmall. com
北京时捷印刷有限公司印装
710 × 1000　16 开　12 印张　220000 字
2022 年 10 月第 1 版　2022 年 10 月第 1 次印刷
ISBN 978 - 7 - 5218 - 3986 - 9　定价：39.00 元

目 录

CONTENTS

第1章

导　　论

1.1 ▶ 研究背景和意义

分税制改革以来，中国经济在取得高速增长的同时正面临内部投资驱动"低端锁定"和外部"逐底竞争"双重风险。在全球价值链分工深化的背景下，我国出现了产业间升级与产业内升级相背离的现象。据统计，我国高技术产品出口市场份额已由 2000 年的 6% 增长到了 2014 年的 37%，但是我国高新技术行业的增加值率却在不断下降，与发达国家的差距持续扩大（苏杭等，2017）。在新发展理念目标的指引下，优化税收制度实现产业升级，成为推动供给侧结构性改革和经济高质量发展的重要路径。

国家"十三五"规划纲要从战略高度上指明了今后各种财税制度改革趋于完善的方向、目标和路径，"调整各类扭曲的政策和制度安排，完善公平竞争、优胜劣汰的市场环境和机制，最大限度激发微观活力，优化要素配置，推动产业结构升级，扩大有效中高端供给，提高全要素生产率"。国家"十四五"规划纲要延续了"十三五"规划纲要的改革方向和目标，"破除制约高质量发展、高品质生活的体制机制障碍，强化有利于提高资

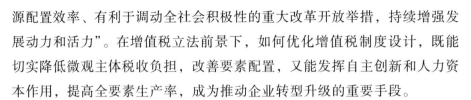

源配置效率、有利于调动全社会积极性的重大改革开放举措，持续增强发展动力和活力"。在增值税立法前景下，如何优化增值税制度设计，既能切实降低微观主体税收负担，改善要素配置，又能发挥自主创新和人力资本作用，提高全要素生产率，成为推动企业转型升级的重要手段。

企业升级理论认为，企业升级是指企业通过创新实现企业产品和服务增加值提升的过程（Humphrey & Schmitz，2000；Reeg，2013；Gereffi & Lee，2016）。在新发展理念的实践背景下，亟需探索出符合我国国情的企业升级路径。党的十九大报告指出，"必须坚持质量第一、效率优先，以供给侧结构性改革为主线，推动经济发展质量变革、效率变革、动力变革，提高全要素生产率"。国家"十四五"规划纲要进一步强调，"构建新发展格局，切实转变发展方式，推动质量变革、效率变革、动力变革，实现更高质量、更有效率、更加公平、更可持续、更为安全的发展"。

尽管研究企业升级影响因素的文献可谓卷帙浩繁，但是非常缺乏从"营改增"角度研究中国企业的转型升级问题。服务业营业税改征增值税（以下简称"营改增"）作为供给侧结构性改革重要举措，对推动我国经济高质量发展发挥了重要贡献。经验研究表明，服务业税制改革有利于减轻企业税负（龚强等，2016；李艳艳等，2020），深化专业化分工（范子英和彭飞，2017；Peng et al.，2021a），激励创新（袁建国等，2018；毛捷等，2020），扩大投资（袁从帅等，2015；李成和张玉霞，2015；袁从帅等，2019），提升全要素生产率（黄策等，2020；孙正等，2020；Peng et al.，2021a；Yu & Qi，2021；谢获宝和惠丽丽，2021）。

然而，"营改增"在发挥税制驱动作用的同时，还可能存在诸多税制扭曲作用。其一，实行"双轨制"的增值税纳税人管理制度，割裂了增值税一般纳税人和小规模纳税人的分工和贸易联系，不利于塑造公平有序的市场竞争环境（庞凤喜和凌瑜明，2015）。其二，多档税率设计改变了产品和服务间的相对价格，扭曲了生产者和消费者的行为，造成生产效率无谓损失（陈晓光，2013；Chen，2017；刘柏惠等，2019）。其三，实行有利于物质资本要素的税制设计，人力资本要素尚未纳入抵扣，可抵扣范围的税制设计限定了企业的增值税税负（倪娟等，2019）。其四，随着营业税改征增值税，地方最大的税种调整为中央与地方共享税，降低了地方实际税收分成，增加了地方财政压力，对地方政府环境治理和经济治理行为产生不利影响（卢洪友等，2019；Bai et al.，2019；Peng et al.，2021b）。

基于此，本书拟按照"主要难题—制度成因—税制驱动—税制扭曲—税制效果—税制优化"研究框架，全面探究"营改增"对企业升级的作用效果、影响机制和对策建议。具体而言，维度一：为了揭示影响企业升级的主要难题，考察了"营改增"对企业非税负担的影响。维度二：为了理清影响非税负担约束企业升级的制度成因，以地区涉企收费目录清单制度①为政策实验，评估了降费政策对企业非税负担的约束效果。维度三：为了揭示企业升级中的税制扭曲效果，基于"营改增"对不同城市税收收入冲击差异，考察了地方财政压力对企业污染治理支出的影响。维度四：为了剖析企业升级中的税制驱动效果，基于要素抵扣范围调整的视角，考察了"营改增"的要素配置效应。维度五：为了检验"营改增"对企业升级的税制效果，从分工、减税、要素配置和研发投入角度，考察了"营改增"对企业质量升级和效率升级的影响。维度六：为了提出助推企业升级的税制优化建议，通过调查研究和实证研究，揭示了企业税费负担的基本现状，理清了企业升级的税制驱动和税制扭曲来源，为推动企业升级奠定了经验依据。

本书通过调查研究、理论研究、实证研究和政策研究等多种方法，全面考察了新时代背景下我国企业升级的税制驱动和税制扭曲，具有丰富的理论价值和鲜明的现实内涵。从微观层面来看，研究结论关系到我国企业自身能力的提升及可持续发展，能够为产业转型升级奠定坚实的微观基础。从宏观层面来看，关系到我国经济由高速增长向高质量增长转变，为准确评价质量变革、效率变革、动力变革的实践效果提供全新的研究视

---

① 参见《国务院办公厅关于进一步加强涉企收费管理减轻企业负担的通知》（国办发〔2014〕30 号）。

角。从政策层面来看，研究结论关系到决策部门的税制优化的方向判断和政策制定，为企业升级理论嵌入中国实践提供丰富的经验证据。

1.2 ▶ 研究目标

本书的核心目标在于揭示新时代背景下我国企业升级过程中的税制驱动和税制扭曲，剖析"营改增"对企业升级的作用效果和影响机制。具体而言，本书的研究目标主要包括以下六个方面：

（1）厘清企业升级面临的主要难题。为了减轻企业税费负担，促进企业转型升级，我国实施了一系列的减税政策，然而企业负担过重问题依然普遍存在。究其原因，税负和费负都是影响企业升级的重要因素，二者之间可能会存在"按下葫芦浮起瓢"效应。为了厘清影响企业升级的主要难题，本书以非税负担为主要对象，考察"营改增"对企业非税负担的影响，进而回答非税负担如何约束企业升级。

（2）揭示制约企业升级的制度成因。切实减轻企业非税负担，首先需要明确影响企业非税负担的制度成因，进而明确制度建设方向，以约束和规范地方政府涉企收费行为。对此需要理顺中央和地方财政关系，把握地方政府非税收入征管现状。在此基础上，以地区涉企收费目录清单制度为切入点，揭示降费政策对企业非税负担的作用效果。

（3）理清企业升级中的税制扭曲效果。"营改增"使地方税（营业税）调整为共享税（增值税），降低了地方实际税收分成，对地方政府税收收入造成不同程度的冲击，这就可能影响地方政府的环境治理和经济治理行为。基于此，本书以"营改增"试点为对象，考察地方财政压力对企业污染治理行为的影响。

（4）剖析企业升级中的税制驱动效果。"十三五""十四五"规划纲要从战略高度上指明了财税制度改革提升要素配置效率的方向、目标和路径。"营改增"作为供给侧结构性改革的重要举措，延伸了原增值税行业的进项抵扣链条，加强了企业间的分工与协作，对企业要素配置行为产生了重要影响。对此，本书拟基于要素抵扣范围调整的税制设计视角，考察"营改增"的要素配置效应。

（5）检验"营改增"对企业升级产生税制驱动效应还是税制扭曲效应。从既有研究和实践调查结果来看，我国企业升级过程中既存在税制驱动因素，也存在诸多税制扭曲因素，因此，需要全面评估"营改增"对企业升级的税制效果。

（6）提出助推企业升级的税制优化建议。本部分的研究目标主要包括：一是对经济高质量发展的作用，通过厘清"营改增"政策对企业升级的影响，为未来推进经济高质量发展提供税制优化方向。二是通过准确评价减税降费效果，理清制约企业升级的制度成因，揭示影响企业升级的税制扭曲，为未来发挥税制优化驱动作用提供决策参考。三是对地方财政可持续性的影响，未来针对减税降费政策的制定，需将其纳入到中央与地方财政关系的统一框架中，综合考虑地方事权与财权的匹配目标。

1.3 ▶ 研究内容

根据研究目标，本书基于大样本微观数据和微观计量评估技术，采用宏微观相结合的分析框架，揭示新时代背景下我国企业升级的税制驱动和税制扭曲，进而提出助推企业升级的税制优化建议。具体而言，主要从以下方面进行研究：

为了揭示影响我国企业升级的主要难题，本书基于 2006～2016 年中国私营企业调查数据，利用三重差分模型考察了"营改增"对企业非税负担的影响。本书研究发现，"营改增"显著增加了企业的各种规费支出，并且这一效应有增强的趋势。财政压力和非税征管力度上升是这一效应形成的重要原因。进一步发现，企业非税负担占比越高，占用企业发展资金越多，"营改增"对企业新增投资的挤出越多。长期来看，深入推进涉企收费管理制度建设，有助于约束地方政府非税收入征管行为，促进企业转型升级。

为了理清影响非税负担约束企业升级的制度成因，本书基于中国私营企业调查数据，以地区涉企收费目录清单制度的先后差异为政策实验，评估了降费政策对企业非税负担的影响。经过研究发现，在样本期内，由于涉企收费目录清单制度普遍在中央和省级层面落实，同时受非税收入归属的影响，降费政策总体上未能显著降低企业非税负担。但是还发现，不同地区降费意愿存在显著差异，降费力度较大的地区，呈现显著的降费效应。深入推进省级以下涉企收费目录清单制度有助于实现企业减负目标。

为了揭示企业升级中的税制扭曲效果，本书基于"营改增"对不同城市税收收入冲击差异，采用连续型双重差分方法考察了地方财政压力对企业污染治理支出的影响。研究发现，"营改增"加剧了地方政府财政压力，挤出了企业污染治理支出。为了应对财政收入损失，地方政府加强了税收征管，放松了环境规制，从而弱化了企业污染治理能力，对企业绿色转型升级产生不利影响。

为了剖析企业升级中的税制驱动效果，本书基于要素抵扣范围调整的视角，采用双重差分方法考察了"营改增"的要素配置效应，发现"营改增"显著降低了企业要素配置扭曲，随着试点范围的扩大，在改革后第3年要素配置效应实现最优。进一步采用广义倾向得分匹配方法发现，流转税税负与要素配置扭曲之间呈"U型"关系，表明企业为了减轻税负而不断扩张资本投入，将会偏离最优要素配置。

为了检验"营改增"对企业升级产生税制驱动效应还是税制扭曲效应，本书从分工、减税、要素配置和研发投入角度，区分考察了"营改增"对企业质量升级和效率升级的不同税制效果。研究发现，"营改增"通过深化专业化分工、减轻税负、优化要素配置以及提升研发投资，显著推动了企业升级，其中质量升级效果突出，效率升级效果欠佳。

为了提出助推企业升级的税制优化建议，本书通过调查研究和实证研究，揭示了企业税费负担的基本现状，理清了企业升级的税制驱动效果和税制扭曲效果，为助推企业升级提出了针对性的税制优化建议。例如，切实减轻企业负担，不仅要落实减税政策，还要加强降费政策设计。加快推进地方税体系建设，从根本上解决央地财政失衡难题。加强宏观经济政策和环境政策协同治理，防止冲击企业绿色转型升级。优化增值税税制设计，化解税制扭曲风险。发挥增值税减税对培育自主创新的税收激励作用，释放效率升级空间。

1.4　创新之处

本书基于"营改增"试点政策，利用大样本微观企业数据和微观计量评估技术，研究了新时代背景下我国企业升级的税制驱动和税制扭曲效果。与既有研究相比，本书的贡献和不同主要表现在以下四个方面：

（1）研究选题的新颖性。现有的国内外文献侧重于分析"营改增"对企业行为及绩效的影响，忽视了不同微观效应之间的关联，难以系统地解释这些效应的形成原因和影响后果。本书按照"主要难题—制度成因—税制驱动—税制扭曲—税制效果—税制优化"六大维度，采用层次递进的研究策略，系统定量地研究了"营改增"对企业升级的作用效果、影响机制和政策优化。因此，本书的研究不仅丰富了税制改革的宏微观经济效应，并且拓展了财政学、环境经济学、政治经济学等交叉学科研究。

（2）研究机制的多元性。与既有研究采用单一分析视角不同，本书采用宏微观相结合的分析框架，细致刻画了"营改增"对企业升级的影响机制。宏观层面，检验了"营改增"对地方政府经济治理和环境治理行为的影响。主要关注地方财政压力、税收征管、非税收入征管、环境规制等多重宏观机制的作用。微观层面，探究了"营改增"对企业行为的影响，主要关注企业税收负担、非税负担、资本扩张、专业化分工、研发投资、要素配置等多重微观机制的影响。

（3）研究结论的全面性。一是现有研究普遍关注企业的减税效果，忽视了降费效果的考察，本书不仅揭示了"营改增"减税政策对企业非税负担存在"按下葫芦浮起瓢"效应，而且从降费政策角度回答了企业非税负担难以切实下降的制度成因。二是既有研究通常认为"营改增"有助于提升生产效率，而本书发现"营改增"的要素配置效应存在非线性特征。三是发现了"营改增"加剧了地方财政压力，加强了税收征管，放松了环境规制，进而弱化了企业污染治理投资。四是考察了"营改增"对质量升级和效率升级的不同税制效果，发现企业质量升级效果显著，效率升级效果欠佳。

（4）研究方法的先进性。本书基于"营改增"试点政策，采用双重差分模型、三重差分模型、工具变量方法、倾向得分匹配方法以及广义倾向得分方法等微观计量评估技术，详细检验了"营改增"对企业升级的作用效果及其影响机制，有助于规避研究中的内生性和样本选择问题，增强研究结论的可靠性。

第2章

国内外研究现状与发展动态分析

2.1 ▶ 企业升级相关研究综述

企业升级（enterprise upgrading）与产业升级（industrial upgrading）密切相关，国外学者普遍将产业升级和企业升级混同使用。最早明确提出产业升级概念的格里芬（Gereffi，1999），其认为产业升级是一个企业或经营组织迈向更具获利性的资本密集型或技术密集型经营活动的过程。汉弗莱和施密兹（Humphrey & Schmitz，2000）对企业升级的内涵界定更为具体，即企业从事高附加值的经济活动，获得技术能力和市场能力，以提高市场竞争力。相比较而言，国内学者对企业升级和产业升级进行了较为严格的区分。前者被视为后者最直接的微观主体，在全球价值链中实现由行业内低附加值环节向高附加值环节的转变（毛蕴诗和郑奇志，2012；甄珍和王凤彬，2020）；后者普遍基于要素密集度探讨国家或地区的产业结构变迁，例如劳动密集型向资本密集型再到技术密集型的转变（苏杭等，2017）。

无论是企业升级还是产业升级，其根本要求都是通过创新来提高产品和服务的附加值。因此，越来越多的学者不再把资本密集型的提升作为企业升级的标志之一，只要能够实现产品和服务价值的提升，就被认为实现了企业升级（Humphrey & Schmitz，2000；Reeg，2013；Gereffi & Lee，2016；Peng et al.，2022）。李林木和汪冲（2017）进一步指出，单纯以资本密集度反映企业升级对发展中国家非常不利，这是因为发展中国家普遍面临融资约束和就业增加困难，片面追求资本密集型产业转型将会加剧这一矛盾。

企业升级和企业创新之间同样存在非常紧密的联系，多数文献支持企业升级和企业创新之间存在严格的界限。卡普林斯基和雷德曼（Kaplinsky & Readman，2005）指出，升级是企业相对其他竞争者如何快速适应市场环境的变化；而创新则是相对自身此前状况进行改进新产品或新工艺的过程。越来越多的文献认为企业创新是企业升级的前提和路径（Altenburg et al.，2017；李永友和严岑，2018；Peng et al.，2022），企业创新能力一定程度上决定了产业升级效率（Freeman，1997）。国内学者进一步指出，中国产业能否顺利实现转型升级，关键取决于企业创新能力的形成，实现技术创新"破坏性的突破"（徐康宁和冯伟，2010），企业升级是指通过创新实现价值增值的过程（李林木和汪冲，2017）。然而，仅从创新角度定义升级是不够的，企业创新的目的是为了获得更多的利润和更高的生产率，推动企业不断成长。因为创新行为既可能升级成功，也可能升级失败，因此，企业升级是由企业创新推动企业成长的过程。

有关企业升级影响因素的讨论非常广泛，国际上大致形成了三种理论假说。其一，资源基础理论，强调资本积累、人力资源等关键资源的获取，以及自主创新、营销服务等关键能力的拥有（Gereffi，1999；毛其淋，2019；黄科星等，2021；黄冠华等，2021）。其二，权变理论，强调制度环境和企业家精神的作用（Gans & Stern，2003；程虹等，2016；陈怡安和赵雪苹，2019；张敏，2021）。其三，全球价值链理论。强调全球范围内产品和服务价值分配的不均衡，发达国家掌握高附加值的研发和营销环节，发展中国家参与低附加值的加工制造环节（Humphrey & Schmitz，2000；邱红和林汉川，2014；Achabou et al.，2017；高静等，2019；甄珍和王凤彬，2020）。

具体到中国情景下，越来越多的学者关心中国企业转型升级的驱动要素，形成了具有中国特色的企业升级经验。

第一，重视生产性服务业投入和延伸的作用，实质是全球价值链理论在中国的具体实践。毛蕴诗和郑奇志（2012）认为，生产服务和加工制造的价值差距是提升我国企业升级空间的重点方向。高静等（2019）指出，全球价值链嵌入有助于促进企业出口质量升级，但是如果全球价值链嵌入超过一定程度，则会对企业出口质量升级产生阻碍作用。龙飞和扬殷凤（2019）发现，制造业投入服务化有助于提升企业全要素生产率和创新效率，进而促进制造业服务化对出口产品质量升级的正向影响。

第二，重视要素配置效率的作用，实质是权变理论中制度环境的衍化。张杰等（2013）发现要素市场扭曲越高的地区企业整体上有着较高的增加值率，但是要素市场扭曲显著抑制了出口企业的增加值率。许家云等（2017）发现良好的制度环境有利于促进出口产品质量提升，发挥资源再配置效应。唐荣和顾乃华（2021）从地区制度环境差异角度考察了对竞争兼容性政策对企业价值链升级的影响，发现产业政策与市场竞争互动有助于推动企业价值链升级，地区制度环境发挥重要调节作用。

第三，重视创新投入和人力资本的作用，实质是资源基础理论的拓展和检验。程虹等（2016）指出转型升级路径应注重人力资本投资和技术创新能力的持续性提升。苏杭等（2017）认为产业结构升级依赖于要素结构升级，实现产业结构升级需提升要素禀赋，增加资本特别是人力资本的积累。黄科星等（2021）认为自主创新能推动企业发展理念转变和学习能力提升，进而推动企业转型升级，因此应着力降低企业转型升级成本，提升企业家精神推动创新型企业引领产业转型升级。

2.2 "营改增"对企业行为影响的研究综述

就税制设计和政策定位而言，"营改增"改革的最终目的是通过优化税制，消除重复征税，深化社会分工，实现产业转型和升级。一些学者基于战略分析和政策设想的方式阐释了实现这一税制目标的可能性，为数不多的文献基于经验研究验证了"营改增"对产业升级的积极效应（孙正，2017；廖红伟和刘永飞，2021）。由于产业本身的复杂性和产业间投入产出关系的多样性，如此巨大的税制转变虽然在加总层面上产生效应的同时，不可避免地会给不同企业带来异质性影响，甚至是完全相反的激励效应，从而可能在一定程度上有损"营改增"的改革效果。因此，越来越多的学者开始从微观层面来讨论"营改增"的经济效应。

"营改增"的税制转换直接关系到纳税主体的税负，对"营改增"的税负效应的考察成为不可逾越的重要话题（胡怡建和田志伟，2014；童锦治等，2015；倪红福等，2016）。范子英和彭飞（2017）基于产业关联的视角，发现"营改增"的减税效应严重依赖于企业的产业关联和上游行业的增值税税率。方等（Fang et al.，2017）发现"营改增"的改革红利是不对称的，小规模纳税人的减税效应显著。乔睿蕾和陈良华（2017）基于交易费用理论阐释了税负转嫁能力对"营改增"效应的促进作用。李艳艳等（2020）发现"营改增"具有减税效应，但税收征管起到了逆向调节作用。

"营改增"继承了制造业增值税转型的税制设计，实行有利于资本抵扣的税制，对于扩大产业间的资本投资和服务需求具有重要意义。袁从帅等（2015）、李成和张玉霞（2015）基于不同的上市公司数据利用 DID 模型评估了"营改增"对企业固定资产投资的影响，得到了截然相反的结论。梁若冰和叶一帆（2016）基于福建省微观企业数据评估发现，"营改增"显著促进了试点企业与上下游企业贸易增长。陈钊和王旸（2016）基于经营范围和营业收入变化角度，发现"营改增"之后服务业企业获得了制造业更多的业务外包，受到政策影响的企业更可能增加"营改增"业务的经营范围和营业收入。袁从帅等（2019）基于中国城市数据，发现"营改增"扩大了固定资产投资，推动了经济结构优化。

"营改增"如何影响企业创新和生产率，已有文献通常从减税和分工角度进行了诠释。以生产率为对象，陈晓光（2013）和陈（2017）基于效率损失的视角，发现增值税有效税率差异是全要素生产率损失的重要原因。李成和张玉霞（2015）从税负转嫁的角度，解释了企业为提高税负转嫁能力而积极寻求生产率的提升。彭飞和毛德凤（2018）基于分工的视角，揭示了"营改增"对企业生产率的促进作用。谢获宝和惠丽丽（2021）发现，"营改增"通过降低流转税税负和提高经营效率促进服务业全要素生产率提升。以企业创新为研究对象，龚强等（2016）基于博弈论方法，发现"营改增"通过降低企业研发成本，激励企业创新和提高产品质量，促进产业升级。毛捷等（2018）和袁建国等（2018）指出，"营改增"显著降低了企业税负，深化了企业专业化分工，进而促进了企业创新行为。喻和齐（Yu & Qi，2021）发现，"营改增"降低了企业税负，促进了专业化分工，扩大了固定资产投资和研发支出，进而提升了企业全要素生产率。彭等（Peng et al.，2021a）从产业间的前向关联和后向关联角度，发现服务业税制改革通过深化专业化分工提高了制造业企业全要素生产率。

从国内外研究来看，至今直接考察"营改增"对企业升级影响的文献非常有限。彭等（Peng et al.，2022）发现，"营改增"通过减轻税收负担、深化专业化分工、扩大研发投入和优化要素配置，促进企业升级。相近研究主要关注特定行业的财税支持对创新和升级的影响，其中又以研发抵免政策的效果评估最为普遍。多数研究支持研发税收激励能够有效降低企业研发成本，提高研发投入（Rao，2016）。但是也有学者认为并不是所有的创新支持政策都有效（Cappelen et al.，2012）。还有些学者认为财政激励政策（政府补贴、政府采购等）和税收优惠政策（加速折旧、加计扣除等）的实施效果存在显著差异（张同斌和高铁梅，2012；杨得前和刘仁济，2017）。张杰（2021）考察了创新补贴、高新技术企业减税和研发的加计扣除三种政策对企业创新的激励效应，发现创新补贴挤出了企业创新投入，而高新技术企业减税和研发的加计扣除促进了企业创新投入。从交叉效应来看，不同政策组合对创新投入既可能产生挤入效应，也可能产生挤出效应。

　　与"营改增"政策相近的一般性减税政策，也与本书的研究密切相关，普遍支持减税对企业创新和企业升级的激励效应。以美国为对象，穆克吉（Mukherjee et al.，2017）认为，较高的企业所得税率显著抑制了企业创新水平。贾默维奇和雷贝洛（Jaimovich & Rebelo，2017）认为，在边际税率较高的情形下增税对投资、创新和经济增长具有非线性影响，在边际税率较低时，增税对经济增长的影响较小。以中国为对象，豪厄尔（Howell，2016）发现增值税转型改革显著激励了企业技术引进，促进了创新产出，但是对自主创新投入没有显著作用。李林木和汪冲（2017）发现税费负担增加显著降低企业的创新能力，认为降低企业税费负担有助于促进企业转型升级。王桂军和曹平（2018）发现"营改增"促进了制造业企业专业化分工，提高了企业技术引进水平，与此同时降低了企业自主创新意愿。谷成和王巍（2021）考察了2018年增值税税率下调对企业创新投入的影响，发现这一减税政策显著促进了企业创新投入，并且在议价能力强的企业中能够获得更多的减税红利，从而具有较强的创新激励效应。

2.3 ▶▶ 现有研究述评

　　现有企业升级理论难以回答中国"营改增"这一重大税制实践对企业升级发挥税制驱动效应还是税制扭曲效应。从税制驱动角度来看，"营改增"消除了服务业和制造业的税制不统一，打通了制造业和服务业之间的抵扣链条，对于加快两业融合增进发展具有重要意义。权变理论认为，制度环境优化是企业升级的重要因素。就此角度而言，"营改增"对企业升级具有税制驱动效应。从税制扭曲角度来看，"营改增"采用"双轨制"的增值税纳税人管理制度，增值税小规模纳税人占全部试点纳税人的

87%以上（王军，2017），被排除在一般增值税纳税人制度之外，既不利于改善这类创新环境需求，又不利于扩大创新供给。另外，"营改增"之后，服务业和制造业的物质资本进项纳入抵扣，人力资本未纳入抵扣范围。这其实与内生增长理论和相关企业升级理论的核心思想是不吻合的。以罗默、熊彼特为代表的经济增长理论指出，人力资本对技术进步具有内生作用，以资源基础理论为代表的企业升级理论强调人力资源和自主创新的作用。就此增值税税制设计角度而言，"营改增"对企业创新升级就可能存在税制扭曲效应。对此，本书拟基于中国大样本微观数据和微观计量评估技术挖掘"营改增"视角下企业升级的税制驱动和税制扭曲效应。

"营改增"对企业升级的影响机制和作用路径仍缺乏系统全面的认识。使得相关研究很难厘清制约企业升级的真正难题，也很难细致解析"营改增"政策产生税制驱动和税制扭曲的税制成因。因此，本书拟基于宏微观相结合的分析框架为税制优化影响企业升级提供全面的机制解释。具体而言，从非税负担角度揭示企业升级的主要难题，从降费政策角度理清非税负担约束企业升级的制度成因，从地方财政压力角度探究"营改增"对企业污染治理支出进而对企业绿色转型升级的影响，从要素抵扣范围调整角度剖析企业升级中的税制驱动效果，从分工、减税、要素配置和研发投入角度检验"营改增"对企业升级的税制效果。

虽然有些文献探讨了"营改增"对产业升级的影响，但忽视了对其微观效应的检验。基于加总层面的产业数据，整体发现对产业升级的有利作用，但是这些研究都未能充分考虑到企业异质性的行为决策和目标约束差异，导致研究结论产生有偏估计的可能性较大。本书拟基于企业升级理论和中国政策实践，揭示"营改增"对企业质量升级和效率升级的异质性效果。

第3章

未预期的非税负担冲击：基于
"营改增"的研究

非税负担已经成为制约我国企业生存和发展的重要因素，在民营企业中甚至存在非税负担高于税收负担的现象（中国财政科学研究院"降成本"东北调研组，2016）。2017年，李克强总理在国务院第一次常务会议上指出，"最近有声音认为企业税负过高，其实仔细掰开来算细账，主要是企业的非税负担过重"。从根源上来说，企业非税负担过重与地方政府非税收入征管有直接关联（Liu，2018）。从中央和地方非税收入构成来看，地方政府是非税收入的重要主体，占全国非税收入的比重超过80%（郭庆旺，2019）。据国家统计局数据显示，地方非税收入占财政收入比重由2008年的18.83%上升到2016年的25.84%，尤其在中西部地区，这一比重更是高于30%，比东部地区平均高出10%左右①。

---

① 数据来源：国家统计局网站，http：//www.stats.gov.cn/。

　　为了揭示我国非税收入快速增长背后的动因，许多学者尝试提出了不同的理论观点。财政分权理论认为，财政支出分权加剧了地区税收竞争程度，扩大了对非税收入的征管，而财政收入分权有助于降低地方对非税收入的依赖（王志刚和龚六堂，2009；王佳杰等，2014；Mourre & Reut，2019）。政治晋升理论认为，为了实现政治晋升，地方官员有动机增加非税收入，以实现"竞争上游"和"拒绝垫底"的目标（孟天广和苏政，2015；庞伟和孙玉栋，2018）。还有学者从转移支付（Caldeira & Rota - Graziosi，2014；Sanogo & Brun，2016）、财政透明度和预算软约束角度进行讨论（Alt & Lassen，2006；Yamamura & Kondoh，2013；郭月梅和欧阳洁，2017）。这些研究丰富了对非税收入增长原因的认识，但是却没有揭示税收制度改革与非税收入增长之间的联系。与此同时，以往研究主要关注税收制度改革对地方税收收入（Moore，2014；胡怡建和田志伟，2014；Wang et al.，2015；卢洪友等，2016；王健等，2019）和政府间收入分配（孙正和李学军，2015；何代欣，2016）以及对微观主体税收负担的影响（倪红福等，2016；范子英和彭飞，2017；Fang et al.，2017），鲜有讨论其对地方非税收入和企业非税负担的影响。

　　从税收制度改革角度揭示企业非税负担过重的原因，首先需要厘清税收收入划分和非税收入变化之间的逻辑关系。分税制改革以来，以税收收入划分为主要任务的税收制度改革，不断弱化地方对主要税种的分享比例，减少了地方税源，增加了地方财政压力（Liu，2018；Bai et al.，2019），寻求其他替代路径成为地方维持财政稳定的重要选择（Besley & Persson，2013；陈小亮，2018；郭庆旺，2019），从而可能会加强非税收入征管（王志刚和龚六堂，2009；Liu，2018；谷成和潘小雨，2020）。财政部数据显示，受大规模减税政策的影响，2019 年我国税收收入增长仅为 1%，而非税收入大幅增长 20.2%，非税收入占税收收入的比重超过 20%[①]。为了执行中央减税降费和供给侧结构性改革总体战略部署，规范

---

① 数据来源：财政部网站，http://gks.mof.gov.cn/tongjishuju/202002/t20200210_3467695.html。

地方非税收入征管，2013 年 8 月 1 日，《关于公布取消和免征一批行政事业性收费的通知》要求在全国统一取消和免征 33 项行政事业性收费。2014 年 6 月 26 日，《关于进一步加强涉企收费管理减轻企业负担的通知》要求各地区尽快实施涉企收费目录清单制度。因此，准确评估税收制度改革对企业非税负担的影响，不仅需要在地方政府财政行为框架下展开，而且需要考虑涉企收费制度的影响。

"营改增"是我国税制改革的重要实践，对于减轻企业税负，优化税制结构发挥了重要贡献。然而，地方最大的税种——营业税，随之调整为中央与地方共享税——增值税，地方税收分成比例发生改变。由于这一税制转换是在不同地区、不同行业逐步开展，这就为评估地方财政压力冲击提供了良好的政策试验。基于此，本书基于中国私营企业调查数据，利用三重差分模型考察了"营改增"对企业非税负担的影响。研究发现，"营改增"显著增加了企业的各种规费支出，且这一效应呈扩大趋势。异质性效应发现，减税明显的行业更容易面临增费的风险，非政治关联、中小型和初创型企业更可能遭受非税负担冲击。机制表明，"营改增"增加了地方财政压力，提高了非税收入征管力度，从而恶化了企业非税负担。长期来看，规范地方非税收入征管行为，深入推进涉企收费管理制度建设，有助于约束非税负担对企业转型升级的不利影响。

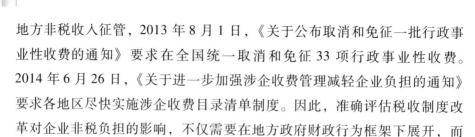

3.2 制度背景与文献综述

3.2.1 制度背景

改革开放之后，为了提高地方参与经济建设的积极性，我国实行了"分灶吃饭"的财政包干体制，有效扩大了地方财政自主权，增加了地方财政收入。但是也造成了中央与地方、地方与地方之间的纵向和横向财政失衡问题。为了重新确立财政分配关系，1994 年分税制掀开了税收征管权改革的序幕，标志着新型财税体系框架的建立。分税制的主要思路是，根据税种划分中央、地方和共享税收入。地方保留对营业税、地方企业所得税和个人所得税的征管权，中央保留对消费税、关税和中央企业所得税的征管权，同时还负责对共享税的征管，将征收的共享税收入按照不同比例与地方进行分成。在分税制框架下，直接改变了中央与地方的财政分配现状，中央财政收入比重不断提高。

2000 年之后，我国进行了两次影响范围较大的税收分成改革，造成地方税收征管范围不断缩小。一次发生在 2002~2003 年，为了支持西部大开发建设，构建合理有序的中央地方财力分配格局，实施了所得税分享改革。这一改革的显著特征是，所得税由地方税调整为共享税，征收机构由地税局转向国税局。另一次发生在 2012 年至今，为了加快财税体制改革，促进产业融合，消除两税分设，在服务业完成了"营改增"，实现了全行业的税制统一。"营改增"之后，不仅降低了地方实际税收分成，由全额分成的营业税调整为部分分成的增值税，而且改变了税收征管主体，直接影响了税收征管弹性。可以看出我国税制改革的基本方向非常明确，中央不断加强对税收的征管，弱化地方的税收征管。对地方政府来说，通过税收途径稳定财政收入愈加困难。

作为财政收入的另一重要来源，非税收入具有显著的"自由裁量"特性，在征收管理和支出安排方面赋予了较大的自主权，为缓解财政压力提供了重要渠道（谷成和潘小雨，2020）。1994 年，《预算法》和《实施条例》开始实施，但是基本没有明确非税收入和公共收费的管理内容。2004年，财政部下发《关于加强政府非税收入管理的通知》，对非税收入的定义和征收管理作出了严格界定，标志着非税收入作为财政收入的组成部分得到确认。然而，非税收入的征收管理权仍然集中在省级层面，导致地区间非税科目征收的种类、机构、标准及总额差异很大。为了加强对非税收入的监督管理，《关于将预算外资金管理的收入纳入预算管理的通知》要求预算外收入全部纳入预算管理。随着非税收入规模不断扩大，财政部发布了《政府非税收入管理办法》，明确了非税收入是财政收入的重要组成部分，应当纳入财政预算管理。

党的十八大以来，为了切实减轻企业负担，加强涉企收费管理，在中央和地方相继实施了涉企收费制度改革。2013年8月1日，《关于公布取消和免征一批行政事业性收费的通知》对中央部门的行政事业性收费进行了全面清理，决定取消和免征一批行政事业性收费。2014年6月26日，《国务院办公厅关于进一步加强涉企收费管理减轻企业负担的通知》要求各地区从严审批涉企行政事业性收费和政府性基金项目，尽快实施涉企收费目录清单制度。2014年8月至2016年7月，省级涉企收费目录清单制度在全国实施。为了切实落实涉企收费政策，国务院成立了专门机构（工业和信息化部运行监测协调局），负责制定减轻企业负担的政策，承担全国所有地区的企业减负监督检查工作（工信部运行函〔2016〕141号、工信部运行函〔2017〕439号、工信部运行函〔2018〕131号、工信部运行函〔2019〕120号）。

3.2.2　文献综述

非税收入扩张是学术界关注的热点话题，已有理论从不同角度进行了诠释。财政分权理论认为，财政分权有助于调动地方生产积极性，同时加剧了地方税收竞争。随着财政支出分权的提高，在税收增长乏力的背景下，加强非税收入征管成为有效途径之一（谷成和潘小雨，2020）。但是，随着收入分权程度的提高，地方政府能够分享更多的税收收入，有利于降低对非税收入的依赖（王志刚和龚六堂，2009；王佳杰等，2014）。也有研究发现，财政分权不能充分解释非税收入差异的成因。虽然政府支出规模与非税收入征管力度密切相关，但是中央和地方政府支出对非税收入的影响没有明显差异（Mourre & Reut，2019）。

政治晋升理论认为，非税收入膨胀不仅是地方政府的经济理性行为所致，还可能与地方官员晋升的财政竞争激烈程度有关。为了在财政收入"锦标赛"中获得优势，排名靠前的城市可能更偏好增加非税收入，以实现"竞争上游"，而排名靠后的地级市同样有动机增加非税收入，以实现"拒绝垫底"（孟天广和苏政，2015）。政治晋升如何影响地方财政收入增长，相关研究以党代会召开作为官员政治晋升的外生性激励，发现地方官员为了在政治晋升中取得优势，有动机在党代会召开前增加基本建设支出和"安全型"支出（肖洁等，2015），从而为升迁和连任赢得基础（Guo，2009）。为了平衡财政收支，同时规避上级监察风险和社会舆论风险（梅冬州等，2014），地方政府会策略性地降低土地出让收入（周世愚，2017），增加税收和非税收入（庞伟和孙玉栋，2018）。

转移支付理论认为，中央对地方的转移支付是一种意外之财（windfall resource），可能会挤占地方税收，弱化征税努力，降低地方税收征管绩效，加重对转移支付的依赖（Moore，2008）。但是也有研究指出，转移支付制度有利于缓解地方财政约束，激励地方增加税收收入（Caldeira & Rota‐Graziosi，2014）。萨诺戈和布伦（Sanogo & Brun，2016）发现，转移支付对地方税收和非税收入征收都有积极作用，其中对税收的促进意义更大。财政透明度理论认为，财政透明制度改革能够有效降低地方政府的信息不对称程度，透明度低的地区更容易发生收支规模膨胀和收支结构扭曲问题（Yamamura & Kondoh，2013），提高财政透明度有助于降低地方政府隐性债务和赤字率，抑制财政收入的快速增长（Alt & Lassen，2006）。以我国非税收入为对象，研究发现，在缺乏有效监督的机制下，地方预算软约束程度越高，非税收入规模增长越快（郭月梅和欧阳洁，2017）。

虽然既有理论为理解非税收入快速膨胀的原因提供了丰富的视角，但是没有充分关注税收制度改革对非税收入的影响。从政策目标来看，分税制改革、所得税分享改革和"营改增"都是研究地方财政压力的重要窗口。然而，由于早前的非税收入征管与当前管理制度存在明显差异，研究早期的税收制度改革对企业非税负担的影响，不得不假设非税收入征管体制没有发生较大变化。否则企业非税负担变化可能不是税收制度改革引起，而是因为非税收入制度变迁内生的。因此，以分税制和所得税分享改革作为窗口，可能都无法规避非税收入管理制度自身变化的干扰。从我国税制设计来看，增值税是我国第一大税种，也是减税降费政策的关键抓手，因此，以"营改增"作为切入点，更符合减轻企业负担的现实需求和税制优化方向。

"营改增"如何影响地方财政行为，既有的研究普遍发现这一税制改革显著增加了地方财政压力。卢洪友等（2016）基于2007~2014年分省和典型地区的市县数据，发现"营改增"对地方财政收入产生了较大压力，省级和区县财政尤其严重。何代欣（2016）基于税务部门分类细分数据，运用税收收入弹性方法发现，"营改增"之后税收收入弹性呈下降趋势，加剧了区域内或省际间的财政收入失衡。王健等（2017）和王健等（2019）发现，"营改增"扩大了地方财政赤字，增加了土地出让收入规模。彭飞等（2018）的研究表明，"营改增"降低了地方税收分成比例，增加了城市财政压力。白等（Bai et al.，2019）发现，"营改增"改变了中央与地方的税收收入划分方案，但是地方事权没有随之改变，事权与财权的错位导致地方财政压力增加。

如果"营改增"对地方财政收入造成冲击，"节流"和"开源"则是地方政府应对的关键选择。公共支出理论认为，公共品供给具有一定的刚性特征，降低弹性非常有限（Tiebout，1956）。尤其在经济下行阶段，以增加公共支出为抓手的积极财政政策，自然推动财政支出上扬（高培勇和汪德华，2016）。从公共选择理论来看，地方更倾向采取增加财政收入而非降低财政支出的方式应对财政压力，这一现象在欧美发达国家普遍存在（Wolman，1983）。从财政"开源"角度来看，地方政府可以通过提高地方税种的征管力度，增加税收收入。然而，四大税种中没有一个是地方税，多是一些小的税种，这部分税收占比很低，增加这部分收入可能很难有效缓解城市财政压力。

在税权不断上移的背景下，扩大非税收入征管对于平衡财政预算，成为可能且可行的另一途径。谷成和潘小雨（2020）发现，在减税政策实施过程中，税收收入的规模缩减和增速放缓会引起非税收入的规模上升和增速加快，以实现财政收入的稳定增长。国家统计局数据显示，2008～2016 年期间，我国地方非税收入占财政收入的比重持续提升，其中欠发达地区的这一比重明显高于发达地区。从微观企业角度，刘（Liu，2018）的研究指出，在税收收入冲击下，地方政府会增加对大型企业的寻租，以补充非税收入规模。基于以上分析，本章提出研究假说：如果"营改增"增加了地方财政压力，地方政府很可能会加强对非税收入的征管，进而加重企业非税负担。

为了减轻企业负担，在中央和省级层面率先实施了涉企收费目录清单制度。如果目录清单内的收费数量和收费标准能够明显下降，则有助于减轻企业负担，抑制地方非税收入扩张行为。但是省级以下的涉企收费管理制度建设尚不健全，且难以约束目录清单外的其他非税收入征管，例如排污费、水资源费、矿产资源补偿费、教育费附加等。陈小亮（2018）发现，2016 年以来我国减税降费的效果有所增强，但是仍不及美国减税效果，发现在减税的同时，地方政府以各种费和基金名义广泛筹集资金，变相增加了宏观税负。郭庆旺（2019）认为，减税降费增加了地方财政赤字，容易引发地方政府策略性反应，寻求其他增收途径。数据显示，2007 年以来，除罚没收入一直相对稳定外，行政事业性收费和专项收入在财政收入的比重发生了较大变化，自 2015 年起，专项收入大幅提高，并超过行政事业性收费比重[①]。这一趋势特征恰好与省级涉企收费制度实施时间相吻合。据此，提出一个竞争性假说：当实施全面严格的涉企收费制度时，可能会有效约束地方政府的涉企收费行为，降低非税收入征管力度，弱化"营改增"对企业非税负担的不利影响。

---

① 数据来源：国家统计局网站，http：//www. stats. gov. cn/。

3.3 ▶ 理论模型

本部分将在一个动态一般均衡框架下研究家庭、企业和政府部门的动态最优化过程，推导出"营改增"影响企业非税负担的理论机制。

1. 家庭部门。

模型经济中存在代表性家庭，跨期效用来自于消费 C_t、闲暇以及政府提供的公共产品和服务 G_t，如式（3-1）：

$$E_0 \sum_{t=0}^{\infty} \beta^t \left(\ln C_t - \theta \frac{L_t^{1+\chi}}{1+\chi} + \ln G_t \right) \qquad (3-1)$$

其中，β 表示主观贴现率，θ 表示劳动负效用参数，χ 表示劳动供给弹性倒数。家庭部门在参与消费、提供劳动的同时，也可以通过出租资本或持有政府债券进行储蓄，获得资本收益，此外，还需要缴纳资本所得税和劳动所得税。因此，家庭部门的预算约束为：

$$C_t + K_{t+1} - (1-\delta)K_t + B_{t+1} = (1-\tau_t^l)w_tL_t + (1-\tau k_t)R_tK_t +$$
$$(1+r_{t-1})B_t \qquad (3-2)$$

其中，K_t 表示资本存量，B_{t+1} 表示政府债务，τ_t^l、τk_t 表示劳动所得税率和资本所得税率，w_t、R_t、r_t 分别表示工资率、资本收益率和债券利率，δ 表示资本折旧率。家庭部门在预算约束下实现跨期效用最大化的最优条件为：

$$\frac{1}{C_t} = \beta E_0 \left[\frac{1}{C_{t+1}} (1-\tau k_{t+1})R_{t+1} + (1-\delta) \right] \qquad (3-3)$$

$$\frac{1}{C_t} = \beta E_0 \left[\frac{1}{C_{t+1}} (1+r_t) \right] \qquad (3-4)$$

$$\theta L_t^\chi = \frac{1}{C_t} (1-\tau_t^l)w_t \qquad (3-5)$$

式（3-1）意味着家庭在 t 期减少一单位消费损失的效用等于通过资

本储蓄获得的额外收入所增加的 t + 1 期效用贴现值，式（3 - 2）是债券欧拉方程，表示家庭本期消费等于债券储蓄进行下期消费所获得的跨期贴现效用，式（3 - 5）则是家庭的期内最优劳动供给。

2. 企业部门。

假设产业 i 的增加值为 V_i，根据国民收入核算账户，经济总产出为 $Y = \sum_{i=1}^{n} V_i$。按照中间产品与最终产品投入产出关系，生产函数表示为：

$$Y_t = F(X_t, M_t) \tag{3 - 6}$$

其中，Y 表示经济总产出量，X 表示企业投入的初级生产要素，例如资本、劳动和土地，M 表示中间投入，t 表示时间指标。

假设生产函数（3 - 6）具有可分性，可以转换成如下形式：

$$Y_t = F(V_t, M_t) \tag{3 - 7}$$

$$V_t = H(X_t) \tag{3 - 8}$$

公式（3 - 8）表示增加值生产函数，采用柯布道格拉斯生产技术：

$$V_t = A_t (K_t)^{\alpha_1} (L_t)^{\alpha_2} (E_t)^{1 - \alpha_1 - \alpha_2} \tag{3 - 9}$$

其中，A_t 表示全要素生产率，K_t 表示资本存量，E_t 表示投入的土地要素，α_1 和 α_2 分别表示有效资本份额和劳动份额。政府向企业增加值征收增值税，假设增值税采用线性形式，税率为 τ_t，则企业缴纳的增值税为：

$$VAT_t = \tau_t V_t = \tau_t A_t (K_t)^{\alpha_1} (L_t)^{\alpha_2} (E_t)^{1 - \alpha_1 - \alpha_2} \tag{3 - 10}$$

企业目标利润函数为：

$$\Pi_t = V_t - VAT_t - NT_t \tag{3 - 11}$$

其中，NT_t 表示企业向地方政府缴纳的各种非税支出（这里建模成一次性总付费）。企业的要素需求最优条件为：

$$R_t = (1 - \tau_t) \alpha_1 \frac{V_t}{K_t} \tag{3 - 12}$$

$$w_t = (1 - \tau_t) \alpha_2 \frac{V_t}{L_t} \tag{3 - 13}$$

$$p_t = (1 - \tau_t)(1 - \alpha_1 - \alpha_2)\frac{V_t}{E_t} \qquad (3-14)$$

式（3-12）-式（3-14）表示企业对资本、劳动和土地三种要素的最优需求，R_t、w_t 和 p_t 分别表示资本价格、劳动价格和土地价格。

3. 政府部门。

中央和地方政府税收收入之和为 $Tax_t = VAT_t + \tau_t^l w_t L_t + \tau k_t R_t K_t$。地方预算约束为：

$$G_t = [(1 - \vartheta)VAT_t + (1 - \mu)(\tau_t^l w_t L_t + \tau k_t R_t K_t)]$$
$$+ [B_{t+1} - (1 + r_{t-1})B_t] + p_t E_t + T_t + NT_t \qquad (3-15)$$

其中，G_t 表示地方政府一般公共支出，ϑ 表示中央政府的增值税分享比例，μ 表示中央政府的所得税分享比例，T_t 表示中央对地方的转移支付。$B_{t+1} - (1 + r_{t-1})B_t$ 表示地方政府的债务余额，在第 t 期初政府有到期债券 B_t，发行了在第 t+1 期初到期的新债券 B_{t+1}，在第 t 期，政府要支付债务余额的利息，利率为 rt。$p_t E_t$ 表示地方政府的土地出让收入，NT_t 表示地方政府的非税收入。根据式（3-15）可知，除增值税和所得税收入以外，地方政府财政收入主要包括非税收入、土地出让收入、发行债务和上级转移支付。

按照财政政策经典研究的一般建模方式，这里假设政府支出与增加值产出之间呈线性关系（Acemoglu，2012），即 $\omega = \dfrac{G_t}{V_t}$，其中，$\omega$ 为常数；还假设转移支付与增加值产出呈线性关系，即 $T_t = \varphi V_t$，且 $\varphi < 0$，即认为富裕地区是转移支付净流出地。结合式（3-15），定义地方财政赤字为本级财政支出减去本级增值税收入和所得税收入，可得到地方政府预算约束方程：

$$(1 + r_{t-1})B_t = [(1 - \vartheta)VAT_t + (1 - \mu)(\tau_t^l w_t L_t + \tau k_t R_t K_t)] +$$
$$B_{t+1} + p_t E_t + T_t + NT_t - G_t \qquad (3-16)$$

式（3-16）左边表示在第 t 期地方政府所支出的债务还本付息额，等式右边表示地方政府当期的财政收入减去一般公共支出。结合家庭预算约束实现最优化条件式（3-3）~式（3-5）和企业的动态最优化条件式（3-12）~式（3-14），再同时除以增加值 V_t，得到相对于产出的比率约束方程：

$$\frac{1+r_{t-1}}{1+g_t}b_t = (\alpha_1 + \alpha_2 - \vartheta)\tau_t + (1-\mu)(\alpha_1\tau_t^1 + \alpha_2\tau k_t) +$$

$$\varphi + \phi_t + b_{t+1} + 1 - \alpha_1 - \alpha_2 - \omega \qquad (3-17)$$

其中，g_t 表示产出增长率；$B_{t+1}/V_t = b_{t+1}$，ϕ_t 表示非税收入-产出比率，可理解为企业非税负担率。根据上文的经济含义，$(1-\vartheta)\tau_t$ 可以理解为地方政府获得的有效增值税率。那么，公式（3-17）的左边即可表示地方政府当期的债务还本付息压力。随着新常态以来经济增速下降，地方政府的债务负担 $\left(\frac{1+r_{dt}}{1+g_t}b_t - b_{t+1}\right)$ 压力可能随之上升，为了应对债务负担压力，地方政府可以提高本级税收收入比重 $[(\alpha_1 + \alpha_2 - \vartheta)\tau_t + (1-\mu)(\alpha_1\tau_t^1 + \alpha_2\tau k_t)]$，或者增加企业非税收入负担率 ϕ_t、土地出让收入比重 $(1-\alpha_1-\alpha_2)$ 和转移支付比重 φ，或者压缩一般公共支出。

由于预算管理体制和经济高质量发展要求，地方政府的财政收入行为受到较大约束：一是不能自主调整中央与地方的税收分享比例，即不能自主改变 $[(\alpha_1 + \alpha_2 - \vartheta)\tau_t + (1-\mu)(\alpha_1\tau_t^1 + \alpha_2\tau k_t)]$；二是由于国土资源部门的土地规划以及企业的最优土地需求安排，土地出让短期内增长空间有限，即 $(1-\alpha_1-\alpha_2)$ 难以调整；三是转移支付收入由中央政府安排，φ 难以大幅增加；四是由于公共支出刚性，地方政府很难降低财政支出比率 ω。因此，为了应对财政收入冲击，地方政府有可能会增加非税收入。从非税收入的角度进行转换后，可得到地方政府预算的比例约束方程：

$$\phi_t = -(\alpha_1 + \alpha_2 - \vartheta)\tau_t - \left(b_{t+1} - \frac{1+r_{dt}}{1+g_t}b_t\right) -$$

$$[(1-\mu)(\alpha_1\tau_t^1 + \alpha_2\tau k_t) + \varphi + (1-\alpha_1-\alpha_2) - \omega]$$

$$(3-18)$$

等号左边表示非税收入负担，右边第一项表示地方政府获得的有效增值税率，包括一般商品增值税和土地增值税，第二项表示第 t 期的地方政府债务压力，第三项表示地方政府面临的财政收支刚性压力。可以看出，在经济中的家庭和企业处于动态均衡条件下，也就是家庭按照最优化条件式（3–3）~式（3–5）、企业按照最优化条件式（3–12）~式（3–14）决策时，"营改增"使得地方政府获得的增值税比重 $(\alpha_1 + \alpha_2 - \vartheta)\tau_t$ 发生变化，地方政府可能会改变非税收入征管决策，即 ϕ_t 发生变化。

基于此，在家庭、企业和地方政府处于动态均衡条件下，当"营改增"使得地方政府有效增值税收入减少时，地方政府如果采用非税收入补充财力，那么企业非税负担就可能显著增加；如果地方政府更偏好土地出让、发行债务等手段补充财政收入，同时在涉企收费管理制度约束环境下，企业非税负担则可能不会显著增加。

3.4 ▶ 实证设计

3.4.1 模型设定

本章的核心是要评估"营改增"对企业非税负担的影响，较为理想的方法是采取能够有效控制内生性问题的双重差分模型。基本思想是比较处理组与对照组在改革前后被解释变量的净变化，作为政策的实施效果。由于"营改增"实行分地区、分行业逐步扩围的改革策略，这就存在试点行业与非试点行业、试点地区与非试点地区以及试点前后的差异。按照双重差分模型的思想，以试点地区的试点行业为处理组，以试点地区的非试点行业为对照组，或者以非试点地区的试点行业为对照组。显然这两种对照组选择方式都有固有的缺陷，因为试点地区和试点行业的选择并不是随机的，因此，采用双重差分模型可能难以得到一致的估计。三重差分模型恰好能消除上述对照组选取的局限，不仅可以选择试点地区的企业，也可以选择试点行业的企业。具体来说，根据试点前后进行差分，可以消除个体不随时间变化的异质性；根据试点行业与非试点行业进行差分，可以消除随时间变化的行业异质性；根据试点地区与非试点地区进行差分，可以消除随时间变化的地区异质性。通过三次差分，就能够同时控制地区差异和行业差异引致的因变量的时间趋势差异，进而得到政策实施的净效应。模型构建如下：

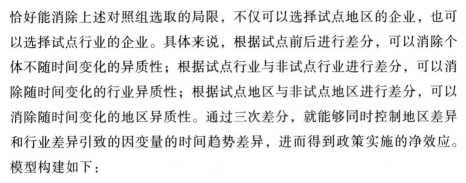

$$gfzb_{it} = \beta_0 + \beta_1\, reform_{jmt} + \gamma\, control_{it} + \sum r_k \delta_k +$$

$$\sum s_m \varphi_m + \sum q_{jt} \omega_{jt} + \varepsilon_{it} \qquad (3-19)$$

$$reform_{jmt} = treat_m \times did_{jt} \qquad (3-20)$$

其中，i 表示企业、t 表示年份（t = 2005，2007，…，2015），j 表示省份（j = 1，2，…，31），k 表示地级市（k = 1，2，…，294），m 表示行业（m = 1，2，…，19）。

gfzb 是本章的被解释变量，以企业交纳的各种规费占销售收入的比重表示非税负担。税与费都是企业负担的重要主体，前者是税负，后者是费负，二者都与财政收入密切相关。由于本章的关键机制在于评估地方财政收入压力对企业费负的冲击，所以这种支出必须是向政府缴纳，而且是财政收入的组成部分。从这个角度来看，纳入到地方财政收入范畴的企业支出，才是非税负担的载体，而未纳入地方财政收入范畴内的企业支出（例如社会保险）以及缓解地方公共支出压力的支出（例如捐赠），都不是本章界定的非税负担。因此，本章对非税负担的界定是，企业向政府缴纳的除税收以外的各种规费支出。

式中的 reform 是"营改增"变量。由于"营改增"分地区、分行业逐步纳入试点，所以企业所属地区和所属行业决定"营改增"变量的识别，可采用模型（3-20）表示，即受到政策影响的企业取值为 1，未受到政策影响的企业取值为 0。虽然 reform 变量没有以传统意义上的三次差分的形式出现，但其系数所反映的却是类似于三重差分的含义。这与既有研究的做法是一致的（陈钊和王旸，2016；范子英和彭飞，2017）。reform 变量的定义过程如下：

行业处理变量 treat。分税制设计决定了不同行业缴纳的税种不同，在"营改增"之前，传统增值税行业需要向国税局缴纳增值税，服务业需要向地税局缴纳营业税，前者属于中央地方共享税，后者属于地方税。因此，行业的差异将会影响地方财政收入受到冲击的程度。原归属于营业税范畴的服务业，在"营改增"之后，地方政府从该行业获得的实际税收将会减少。根据"营改增"的试点行业判断，当企业主营业务行业为交通运输、信息服务、租赁、商业服务和科研技术时，treat 赋值为 1；当企业主营业务行业属于传统增值税行业时，例如，制造业、农林牧渔业、采矿业和电力煤气水业，treat 也赋值为 1。这是因为，服务业增值税改革延伸了传统增值税行业的抵扣链条，直接影响了产品销售范围和中间投入需求。换句话说，传统增值税行业也会受到"营改增"的影响。因此，借鉴陈钊和王旸（2016）的做法，将所有受到政策影响的行业都作为处理组行业。将样本时期内未受到政策试点影响的行业，例如，建筑业、房地产业、住宿餐饮业、金融业、公共设施业、居民服务业、教育业、卫生业、文化体育业和其他行业，作为对照组行业（treat = 0）。

地区—时间处理变量 did。"营改增"首先选择上海（2012 年 1 月）和八省市试点（北京市，2012 年 9 月；江苏省、安徽省，2012 年 10 月；福建省、广东省，2012 年 11 月；天津市、浙江省、湖北省，2012 年 12 月），然后于 2013 年 8 月在全国其他省份展开。结合本书研究对象，每隔一年在全国范围内进行一次私营企业抽样调查，调查的是上一年度的经营状况。例如，2016 年的数据调查的是 2015 年的企业财务指标。因此，地区—时间处理变量 did 的定义为：试点地区的企业在 2011 年之后（不含 2011 年）取值为 1；由于非试点省份进入试点的日期集中在下半年（9 月之后），与试点省份受到的影响程度不同。因此，将非试点省份的企业在 2013 年之后（不含 2013 年）取值为 1，之前取值为 0。

控制变量 control 主要由企业主特征、企业基本特征和企业财务特征组成。具体包括：（1）企业年龄使用调查年份减去注册年份表示；（2）企业规模使用年度用工人数的对数表示；（3）盈利能力使用企业净利润与销售收入之比表示；（4）政治身份以企业主是否担任各级人大代表或政协委员表示；（5）行业身份以企业主是否参加了政府部门主管的行业协会或工商联主管的行业商会或同业公会表示；（6）党员身份以企业主是否加入中国共产党或民主党派表示。此外，还控制了城市固定效应 δ_k、行业固定效应 φ_m 和省份—年份固定效应 ω_{jt}。

3.4.2　数据来源与处理

本章研究样本为 2006~2016 年中国私营企业调查数据，该数据每隔一年进行一次调查，分别反映了上一年度的企业经营情况。调查范围主要涉及制造业、建筑业、现代服务业以及非生产性服务业，涵盖了 31 个地区、257 个地级市、37 个县级市的企业。数据处理过程如下：（1）删除邮政代码不详，难以定位到市级层面的样本，共计 30 个；（2）删除行业代码缺失的样本，共计 2585 个；（3）删除非税负担小于 0 或大于 1 的样本；（4）连续型控制变量在 1% 两端作删减处理，以避免极端值的影响。经过删减处理，共得到了 25927 个企业样本。

表 3-1 报告了企业非税负担均值差异特征。从 Part A 来看，非试点企业的规费支出在"营改增"前后的均值差异系数虽然为负，但不显著，初步表明，对照组企业的非税负担在"营改增"之后没有发生显著变化。与其不同，试点企业的规费支出在"营改增"之后显著增加。从 Part B 来看，"营改增"之前，试点企业与非试点企业非税负担没有显著差异，而在"营改增"之后，试点企业的非税负担显著高于非试点企业。从营业收入对数均值差异来看，不论是"营改增"之前还是"营改增"之后（Part B），试点企业的营业收入都显著高于非试点企业，且"营改增"之后，两组企业的差距有扩大的迹象。从 Part A 来看，"营改增"之后，试点企业营业收入显著增加，非试点企业营业收入显著降低。从此角度来

看，以企业营业收入为标准化对象，因为营业收入下降而抬高非税负担占比的可能性较小。进一步表明，非税负担增加不太可能是因为企业自选择的结果，而是与"营改增"密切关联。

表 3-1　　　　　　　　　　　　企业非税负担均值差异特征

Part A	非试点企业			试点企业		
	"营改增"前	"营改增"后	均值差异	"营改增"前	"营改增"后	均值差异
规费支出	66.853 (17.808)	18.502 (4.037)	-48.351 (41.342)	38.569 (4.157)	57.025 (11.816)	18.456* (10.944)
营业收入	6.478 (0.0214)	5.847 (0.0565)	-0.631*** (0.0553)	7.141 (0.0280)	7.366 (0.0378)	0.225*** (0.0461)
Part B	"营改增"前			"营改增"后		
	非试点企业	试点企业	均值差异	非试点企业	试点企业	均值差异
规费支出	66.853 (17.808)	38.569 (4.157)	-28.284 (26.823)	18.502 (4.0378)	57.025 (11.816)	38.523** (15.356)
营业收入	6.478 (0.0214)	7.141 (0.0280)	0.663*** (0.0371)	5.847 (0.0565)	7.366 (0.0378)	1.519*** (0.0654)

注：***、**、*分别表示回归系数在1%、5%和10%水平上显著，括号内为标准误。

3.5　▶ 实证分析

3.5.1　基准回归结果

根据模型（3-19）的设计，以受到试点影响的增值税行业为行业处理变量，以试点地区为地区处理变量，利用三重差分模型考察"营改增"对企业非税负担的影响。表3-2列示了"营改增"对企业非税负担的回归结果。在未纳入其他控制变量的情形下，reform 系数在 5% 水平上显著为正，初步表明"营改增"增加了企业的非税负担。第（2）列纳入了企业特征（企业年龄、企业规模、盈利能力）因素后，reform 系数及其显著性均得到提高。第（3）列进一步控制企业主特征（政治身份、行业身份和党员身份）后，reform 系数依然显著为正。"营改增"之后，随着税收征管权的上移，地方税收收入受到不同程度的冲击。由于地方税体系尚不健全且公共支出具有刚性特征，地方政府有动机拓宽财政收入渠道，所以企业各项规费支出可能会显著增加了。

中国私营企业调查还调查了其他方面的企业支出，例如捐赠和社会保险费。对此，考察"营改增"是否扩大了企业这些支出。与规费支出度量相一致，这里分别以捐赠或社会保险支出占销售收入的比重进行衡量。捐赠是维系政企关系，建立企业与政府之间政治联系的重要手段（Cooper et al.，2010）。在财政压力增加的经济环境下，通过捐赠建立政治关联的成本降低，更容易获取政治关联，而且捐赠还可以补充政府公共支出，降低财政负担。因此，有必要检验"营改增"是否增加了企业的捐赠支出。第（4）列结果显示，reform 系数并不显著，意味着捐赠缓解财政支出压力的作用有限。进而表明，在面对财政收入冲击时，相对于"节流"（减少支出），地方政府更关心"开源"（增加收入）的贡献。

社会保险是社会保障制度的重要组成部分，也是企业负担的重要内容。在私营企业调查数据中，2006～2012 年虽然未明确统计企业为员工缴纳社会保险费用额，但是调查了不同保险费用额，对此可以进行加总处理。最后一列结果显示，reform 系数不显著，说明"营改增"没有显著增加企业社会保险的征管力度。可能是因为，社会保险实行收支两条线的管理模式，挪用社会保险费的违法成本较高，能够有效规避地方政府"顺经济周期"的冲动行为，即在经济不景气时扩大对企业社会保险的征收，加重企业负担。还有一种可能的解释是，相当一部分省市（例如北京市、天津市、山东省、吉林省等）的社保费是由当地的社保部门而非税务部门征收，导致税制改革对非税务部门的影响"鞭长莫及"，从而没有显著的影响。

由表 3－2 可以发现，纳入到地方财政收入范畴内的企业非税支出（各种规费），在"营改增"之后，地方政府显著提高了对这部分"费"的征管，非税负担增加；而未纳入地方财政收入范畴内的企业支出（社会保险），"营改增"的影响很小；相对于缓解地方公共支出压力（捐赠），地方政府更关注如何增加财政收入渠道，降低财政收入压力。

表 3－2　　　　"营改增"与企业非税负担：基准回归结果

变量	规费			捐赠	社会保险
	（1）	（2）	（3）	（4）	（5）
reform	0.00512 ** （0.00212）	0.00633 *** （0.00207）	0.00656 *** （0.00209）	－ 0.00199 （0.00127）	－ 0.00207 （0.00227）
控制变量	No	Yes （企业特征）	Yes	Yes	Yes
行业固定效应	Yes	Yes	Yes	Yes	Yes
城市固定效应	Yes	Yes	Yes	Yes	Yes
省份—年份固定效应	Yes	Yes	Yes	Yes	Yes
调整 R^2	0.039	0.064	0.064	0.048	0.046
样本数	25927	22977	22438	22417	20432

注：*** 、 ** 、 * 分别表示回归系数在 1% 、 5% 和 10% 水平上显著，括号内为稳健标准误。

3.5.2　影响机制分析

上述分析表明，"营改增"显著增加了企业的非税负担。还需要揭示其中的影响机制，并检验在不同机制对象的情景下，"营改增"能够多大程度地影响企业非税负担。

1. 财政压力增加。借鉴唐云锋和马春华（2017）的做法，使用"（城市财政一般预算内支出 － 城市财政一般预算内收入）/城市财政一般预算内收入"的公式反映城市财政压力情况。除关心的"营改增"变量外，控制了影响财政压力的相关因素，例如产业结构、对外开放、人口密度、经济增长和财政支出竞争①（卢洪友等，2016；肖叶，2019；Mourre & Reut，2019）。为了控制不可观测因素的影响，还纳入了城市固定效应和年份固定效应。表 3-3 第（1）列结果显示，reform 系数在 1% 水平上显著为正，表明"营改增"显著增加了地方财政压力。这与以往的研究结论是一致的（卢洪友等，2016；何代欣，2016；王健等，2017；彭飞等，2018；Bai et al.，2019）。进一步地，借鉴姜付秀等（2019）的做法，根据城市财政压力大小划分为三组，以最大和最小的两组为对象进行检验。第（2）列~第（3）列结果显示，在财政压力较大的城市组，reform 系数在接近 1% 水平上（1.1%）显著为正，在财政压力较小的城市组，reform 系数不显著，且前者的回归系数高于基准系数（0.00656）。结果表明，对于财政压力较大的城市，"营改增"显著增加了企业非税负担，而对于财政压力较小的城市，"营改增"则不会增加企业非税负担。

2. 非税收入征管力度提升。由于地方不具有税收立法权，但是具有非税收入征管权，因此，当面临税收收入冲击时，地方政府可能就有动机扩大对非税收入的征管（王健等，2017；Liu，2018），以实现财政收入增长目标和政治晋升目标（孟天广和苏政，2015）。借鉴现有文献测度税收征管力度的做法（Xu et al.，2011），测算地区非税收入征管力度。该比值越大，表明非税收入征管力度越高②。然后控制产业结构、人口密度、对外开放、经济增长、城市化和固定资产投资（王佳杰等，2014；白宇飞和杨武建，2020），以及地区和年份固定效应，考察"营改增"对非税收

---

① 由于财政压力的来源既可能来自收入端，也可能来自支出端，而本章关注的主要对象是"营改增"带来的税收收入压力，因此有必要控制城市间的财政支出竞争。

② 由于非税收入指标缺少地级市层面统计，这里的非税收入征管以省级数据为测算基础。测算过程如下：$NTax_{it}/Tax_{it} = \alpha_0 + \alpha_1 IND2_{it}/GDP_{it} + \alpha_2 IND3_{it}/GDP_{it} + \alpha_3 OPEN_{it}/GDP_{it} + \zeta_i + \varepsilon_{it}$，等式左边表示非税收入占税收收入的比重，等式右边分别为第二产业比重、第三产业比重、对外开放度以及地区固定效应，通过回归可得到拟合的非税收入变量 $NTax_{it}/Tax_{it}\_est$；进而可测算非税收入征管力度 $te = (NTax_{it}/Tax_{it})/(NTax_{it}/Tax_{it}\_est)$，等于实际非税收入与预期非税收入之比。

入征管的影响。第（4）列结果显示，reform 系数显著为正[1]，表明"营改增"之后地方政府加强了对非税收入的征管力度。进一步地，按照非税收入征管大小划分为三组，以最高和最低的两组为对象分别进行检验。最后两列结果显示，在非税征管力度较高的样本中，reform 系数在 1% 的水平上显著为正，而在征管力度较低的样本中，reform 系数并不显著。表明只有非税征管力度较高的情形下，"营改增"加重企业非税负担的结论才能成立。通过上述机制分析过程，验证了"营改增"通过抬升城市财政压力和非税征管力度，加重企业非税负担这一分析逻辑。如果地方财政压力和非税收入征管力度能够得到有效约束，"营改增"将难以显著增加企业非税负担。

表 3 - 3   影响机制分析

变量	财政压力	财政压力大	财政压力小	非税征管	非税征管高	非税征管低
	（1）	（2）	（3）	（4）	（5）	（6）
reform	0.196 *** (0.0742)	0.00857 ** (0.00337)	0.00378 (0.00324)	0.211 ** (0.103)	0.0111 *** (0.00389)	0.00557 (0.00343)
年份固定效应	Yes			Yes		
省份固定效应				Yes		
控制变量	Yes	Yes	Yes	Yes	Yes	Yes
城市固定效应	Yes	Yes	Yes	Yes	Yes	Yes
行业固定效应		Yes	Yes		Yes	Yes
省份—年份固定效应		Yes	Yes		Yes	Yes
数据维度	城市	企业	企业	省级	企业	企业
调整 R^2	0.238	0.085	0.053	0.092	0.058	0.081
样本数	2946	9201	6637	341	7866	7493

注：*** 、** 、* 分别表示回归系数在 1%、5% 和 10% 水平上显著，括号内为稳健标准误。

---

[1] 在宏观机制回归中，reform 定义与模型（3 - 19）保持一致，上海市自 2012 年起取值为 1，北京市等 8 省市（试点地区）自 2013 年起取值为 1，其他地区自 2014 年取值为 1，试点之前取值为 0，样本区间为 2005 ~ 2015 年。

3.6 ▶ 稳健性检验

3.6.1 平行趋势检验

首先采用事件分析法进行检验（Liu & Mao，2019）。如果企业为试点地区，定义改革后一年变量（$reform_1$）在 2013 年取值为 1，改革后两年变量（$reform_2$）在 2015 年取值为 1，改革前一年变量（$reform_{-1}$）在 2011 年取值为 1，类似地，可以定义改革前两年变量（$reform_{-2}$）、改革前三年变量（$reform_{-3}$）和改革前四年变量（$reform_{-4}$）以及非试点地区的不同年度改革变量。为避免共线性问题，以改革前的第四年变量为基准（benchmark）。

表 3 - 4 第（1）列结果显示，在改革之前，试点企业与非试点企业的规费支出没有显著差异，满足平行趋势的基本要求。而在改革之后，$reform_2$ 系数高于 $reform_1$，意味着随着"营改增"的推进，企业非税负担面临加重的趋势。随着增值税抵扣链条不断完善，可抵扣范围增加，企业税收负担不断降低，为了应对税收收入减少，地方可能会加强非税收入征管，所以非税负担加重的风险增加。为了增强结论的稳健性，结合反事实思想，考察了"营改增"对企业其他支出的平行趋势结果。第（2）列和第（3）列结果显示，在"营改增"前后，没有发现试点企业和非试点企业在捐赠和社会保险支出方面的显著变化。

表 3 - 4 平行趋势检验

变量	规费	捐赠	社会保险
	（1）	（2）	（3）
$reform_{-3}$	0.00664 （0.00518）	− 0.00000153 （0.00198）	0.00437 （0.00304）

续表

变量	规费	捐赠	社会保险
	（1）	（2）	（3）
reform$_{-2}$	0.00738 （0.00487）	0.000547 （0.00180）	0.000860 （0.00421）
reform$_{-1}$	− 0.000374 （0.00476）	− 0.000158 （0.00160）	0.00395 （0.00316）
reform$_1$	0.00905 ** （0.00453）	− 0.00244 （0.00201）	0.000142 （0.00314）
reform$_2$	0.0111 ** （0.00484）	− 0.000794 （0.00168）	0.000427 （0.00401）
控制变量	Yes	Yes	Yes
行业固定效应	Yes	Yes	Yes
城市固定效应	Yes	Yes	Yes
省份—年份固定效应	Yes	Yes	Yes
调整 R^2	0.065	0.048	0.046
样本数	22438	22417	20432

注：*** 、** 、* 分别表示回归系数在1%、5%和10%水平上显著，括号内为稳健标准误。

　　然后借鉴费拉拉（Ferrara et al.，2012）的做法，通过改变政策实施时间的"反事实法"来检验平行趋势假定是否成立。这里采用随机生成的"营改增"试点进程进行安慰剂检验（placebo test）。图 3 − 1 展示了1000 次蒙特卡洛模拟得到的"错误"的估计系数分布，垂直的实线表示的是"真实"的估计系数（0.00656）。图 3 − 1 结果显示，模拟的回归系数服从正态分布且均值接近于 0，远低于真实估计系数。说明样本抽样差异或者未观测的地区因素几乎不会对基准回归结果产生影响，处理组和对照组之间满足较好的平行趋势要求。

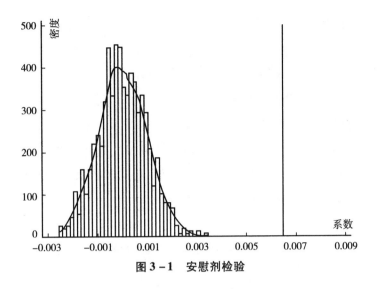

图 3 - 1 安慰剂检验

3.6.2 不同企业特征和截面数据的影响

虽然截面数据差分法在国内外研究中受到较为广泛的应用（彭飞和范子英，2016；Liu，2018；宋弘和陆毅，2020），但是不容忽视每年的抽样对象差异可能会对结论构成威胁。对此，本书拟从以下角度检验不同企业特征和截面数据的影响。其一，当因变量的相关影响因素具有不同的变动趋势时，可能会导致因变量在处理组和对照组之间的平行趋势发生变动。这里分别纳入"控制变量 × 年份趋势"和"控制变量 × 年份虚拟变量"对相关影响因素的变动趋势进行控制。

其二，采用倾向得分匹配—三重差分模型（PSM – DDD）检验分组样本可能存在的样本选择问题。以企业是否为试点企业作为被解释变量，控制相关企业特征（与基准回归一致），利用 Logit 模型预测企业成为试点企业的概率（倾向得分），再以满足共同匹配条件的样本为对象，基于模型（3 – 19）进行检验。表 3 – 5 第（1）列 ~ 第（3）列结果显示，"营改增"对企业非税负担的影响没有发生显著改变。

其三，在同一截面上，考察"营改增"对企业非税负担的影响。识别

"营改增"的策略为，试点地区为地区处理变量，试点行业为行业处理变量，非试点地区和非试点行业为对照组，基于2013年调查数据和双重差分模型进行检验。第（4）列结果显示，"营改增"对企业非税负担的影响显著为正。由于2015年所有的省份都开展了"营改增"试点，无法采用双重差分模型进行检验。进一步地，基于反事实思想，最后四列分别考察了2005～2011年每个年度的"营改增"效应，发现结果均不显著。说明在"营改增"之前，试点企业和非试点企业的非税负担没有显著差异，再次印证了本文数据基本满足平行趋势假定。

表3－5　　　　　　　　基于不同企业特征和截面数据的检验

变量	控制变量变化趋势		PSM－DDD	2013 年	2005 年	2007 年	2009 年	2011 年
	（1）	（2）	（3）	（4）	（5）	（6）	（7）	（8）
reform	0.00614 *** (0.00208)	0.00576 *** (0.00207)	0.00520 ** (0.00231)	0.0129 *** (0.00466)	0.0123 (0.0122)	0.00251 (0.00902)	0.00349 (0.00505)	0.00102 (0.00442)
控制变量	Yes	Yes	Yes	Yes	Yes	Yes	Yes	Yes
行业固定效应	Yes	Yes	Yes	Yes	Yes	Yes	Yes	Yes
城市固定效应	Yes	Yes	Yes	Yes	Yes	Yes	Yes	Yes
省份－年份效应	Yes	Yes	Yes	Yes	Yes	Yes	Yes	Yes
调整 R^2	0.066	0.069	0.038	0.068	0.078	0.055	0.141	0.137
样本数	22438	22438	17587	3948	2495	2865	3400	3987

注：***、**、*分别表示回归系数在1%、5%和10%水平上显著，括号内为稳健标准误。

3.6.3　考虑涉企收费制度改革的影响

为了执行中央减税降费和供给侧结构性改革总体战略部署，2015年前后，不同地区实施了涉企收费目录清单制度。为了控制这一政策的影响，拟从以下角度进行检验：

首先，在模型中纳入涉企收费目录清单制度的政策效应。不同地区涉企收费制度的实施时间不同（2014年8月～2016年7月），据此可以识别出目录清单制度的处理组和对照组。识别策略如下：2015 年（或 2015 年第一季度末、第二季度末、第三季度末、第四季度末）之前出台清单制度的地区，list 取值为 1，其他地区为 0；时间处理变量 time 定义为，2015 年取值为 1，之前取值为 0。list×time 表示涉企收费目录清单制度实施对企业非税负担的影响。从表 3－6 第（1）列～第（5）列回归结果来看，涉企收费目录清单制度对于约束企业非税负担有一定影响，但是约束效应不明显。可能的原因是，一方面，在样本期末，涉企收费目录清单制度主要在省级层面展开，省级以下的涉企收费难以得到有效管控；另一方面，涉企收费目录清单制度对行政事业性收费、政府性基金和经营服务性收费具有一定的约束力，但是对目录清单外的专项收入科目基本没有管控要求，地方政府可能会加强对这类非税科目的征管（陈小亮，2018；郭庆旺，2019），导致企业非税负担没有实质性降低。从关心的 reform 系数来看，发现结果非常稳健，说明涉企收费政策未能有效抑制"营改增"的非税负担效应。

其次，以不同季度内实施涉企收费目录清单制度的地区为对象，考察涉企收费目录清单制度的实施是否会制约"营改增"效应。发现在实施目录清单制度的地区内，仍然能够观测到"营改增"对企业非税负担的显著影响[1]。

最后，在模型中纳入城市—年份固定效应，控制随地区变化的时间趋势因素，例如不同城市的土地出让收入、地方债务以及转移支付收入等。第（6）列结果显示，reform 变量的显著性水平没有改变。

表 3－6　　　　　　　　　排除涉企收费制度的影响

变量	纳入涉企收费目录清单制度的政策效应				城市—年份固定效应	
	（1）	（2）	（3）	（4）	（5）	（6）
reform	0.00656 ***	0.00656 ***	0.00656 ***	0.00656 ***	0.00656 ***	0.00613 ***
	（0.00209）	（0.00209）	（0.00209）	（0.00209）	（0.00209）	（0.00211）

---

① 限于篇幅，没有报告检验结果，留存备索。

续表

变量	纳入涉企收费目录清单制度的政策效应				城市—年份固定效应	
	（1）	（2）	（3）	（4）	（5）	（6）
list × time	-0.00242 （0.00633）	-0.00600* （0.00317）	-0.0196 （0.0184）	-0.0196 （0.0184）	-0.0196 （0.0184）	
控制变量	Yes	Yes	Yes	Yes	Yes	Yes
行业固定效应	Yes	Yes	Yes	Yes	Yes	Yes
城市固定效应	Yes	Yes	Yes	Yes	Yes	Yes
省份—年份固定效应	Yes	Yes	Yes	Yes	Yes	Yes
调整 R^2	0.065	0.065	0.065	0.065	0.065	0.075
样本数	22438	22438	22438	22438	22438	22438

注：***、**、*分别表示回归系数在1%、5%和10%水平上显著，括号内为稳健标准误。

3.6.4　其他维度的稳健性检验

1. 避免统计口径变化。长周期情形下，实证模型中被解释变量的统计口径可能会发生变化。本书调查显示，样本期间内未发生较大的"费改税"或"税改费"改革，一定程度上降低了税负与费负跨部门统计口径调整的影响。为了保证结论的稳健性，本书检验了不同样本区间内的政策效应。结果显示，不论样本（样本年份为奇数年，每两年调查一次）周期为5年（2007～2015年）、4年（2009～2015年），还是3年（2011～2015年）、2年（2013～2015年），均一致发现"营改增"显著增加了企业非税负担，说明本书结论不太可能会受到涉企收费统计口径调整的干扰。

2. 替换衡量方式。在基准回归中，以销售收入标准化企业的非税负担，可能会受到销售收入波动的干扰。相对于销售收入，企业年度平均从业人数相对稳定，不会发生较大变化。据此采用人均规费支出对数进行度量。

3. 排除其他政策冲击。以2010～2016年中国私营企业调查为对象，排除可能受到企业所得税改革和增值税转型改革的样本。

4. 排除异质性趋势的干扰。在基准回归的基础上，纳入行业—年份固定效应，以控制行业内的时间趋势；第（8）列进一步纳入省份—行业固定效应，以控制不同地区的行业异质性。

5. 聚类标准误。由于"营改增"试点在地区—行业维度变化，为了降低样本异方差和自相关的干扰，在地区—行业维度聚类标准误检验。

6. 排除极端值的影响。剔除规费支出为 0 的样本，并在 1% 两端删减处理。以上结果均证实结论没有发生显著变化①。

3.7　▶ 拓展性研究

3.7.1　行业效应

表 3 - 7 考察了"营改增"对企业非税负担的行业异质性效应。当企业所属行业为农林牧渔业时，行业处理变量取值为 1，对照组为非试点行业，排除其他增值税行业。类似地，可以定义其他增值税行业处理变量。结果显示，除采矿业以外，"营改增"对传统增值税行业的影响都通过了显著性检验。意味着减税较多的传统增值税行业，非税负担增加的可能性较大，体现了"按下葫芦浮起瓢"的跷跷板效应。而新增的增值税行业，没有发现"营改增"显著增加企业的非税负担，例如，交通运输业和现代服务业。

表 3 - 7　　　　　　"营改增"与企业非税负担：行业效应

变量	农林牧渔	采矿	制造	电力燃气水	批发零售	交通运输	信息服务	租赁商务服务	科研技术
	（1）	（2）	（3）	（4）	（5）	（6）	（7）	（8）	（9）
reform	0.00718** (0.00307)	0.00710 (0.00547)	0.00858*** (0.00216)	0.00885* (0.00475)	0.00744** (0.00296)	0.00666 (0.00740)	-0.0111* (0.00581)	0.00641 (0.00747)	0.00102 (0.00895)

---

① 限于篇幅，没有报告这部分的稳健性检验结果，留存备索。

续表

变量	农林牧渔	采矿	制造	电力燃气水	批发零售	交通运输	信息服务	租赁商务服务	科研技术
	(1)	(2)	(3)	(4)	(5)	(6)	(7)	(8)	(9)
控制变量	Yes	Yes	Yes	Yes	Yes	Yes	Yes	Yes	Yes
行业固定效应	Yes	Yes	Yes	Yes	Yes	Yes	Yes	Yes	Yes
城市固定效应	Yes	Yes	Yes	Yes	Yes	Yes	Yes	Yes	Yes
省份—年份效应	Yes	Yes	Yes	Yes	Yes	Yes	Yes	Yes	Yes
调整 R^2	0.063	0.095	0.057	0.083	0.078	0.075	0.082	0.077	0.078
样本数	6683	5363	13696	5229	8992	5535	5879	5524	5097

注：***、**、*分别表示回归系数在1%、5%和10%水平上显著，括号内为稳健标准误。

出现这种现象的原因可能是，减税越多的行业，以此行业为税基的城市，地方财政收入冲击越大。在地方税体系不健全的环境下，增加非税收入的动机越强。从改革的成本效应来看，顺利推进服务业税制改革，既是一场经济改革，又是严峻的政治任务。对地方政府而言，增加试点服务业的非税负担，可能会增加改革阻力，抬高改革成本。因此，地方政府在选择非税收入征管对象时，可能会对试点的服务业有所顾虑。从既有的研究来看，普遍发现"营改增"对服务业的减税效应需要具备一定的条件才能实现，例如，进项抵扣（胡怡建和田志伟，2014）、产业关联（范子英和彭飞，2017）、小规模纳税人和中间投入比例（Fang et al.，2017）等。如果再对这类企业加强非税征管，可能会面临更大的税费压力。还有一种解释认为，资本密集度较高的行业，迁移成本较高，面对地方政府加强非税收入征管时，容忍度更高，故传统增值税行业的非税负担增加较为明显。

3.7.2 非对称效应

既有研究主要讨论了政治关联对政府补贴、信贷约束、市场准入、税收优惠等资源分配的影响，鲜有文献讨论对企业非税负担的影响，其实质是政治关联如何限制政府对企业的寻租行为。根据调查问卷中"您现在是不是人大代表、政协委员"作为区分企业有无政治关联的依据。表3－8第（1）列～第（2）列结果显示，"营改增"对政治关联企业非税负担的影响不显著，对非政治关联企业的影响高度显著。意味着政治关联能够帮助企业获得政府"援助"，起到约束非税征管的作用。

企业规模特征可能会是地方政府选择非税支出征管对象的重要因素。一般来说，规模大的企业，盈利能力更强，承担非税支出的能力更强，但是规模大的企业拥有政策资源的机会更多，从而可能表现较少的非税支出。基于此，本书以企业销售收入中位数进行企业规模分组。第（3）列～第（4）列结果显示，"营改增"显著增加了中小企业的非税负担，对大企业的影响不显著。进一步地，以企业年龄的中位数区分为成熟型企业和初创型企业，第（5）列～第（6）列结果显示，初创型企业更容易受到"营改增"的冲击，非税负担加重。可能是因为，中小企业虽然数量众多，但是与地方政府议价的市场地位较弱，很容易成为寻租的对象。而规模较大的企业，与地方政府打交道的经验更加成熟，建立政治关联的能力更强，并且法制队伍、顾问团队等方面的投资较多，具有规避非税收入征管的相对优势。此外，虽然规模大的企业盈利能力较强，但是这类企业的数量较少，从非税收入总额上来看，不一定比中小企业有征收规模优势。

表3－8　　　　　　"营改增"与企业非税负担：非对称效应

变量	政治关联企业	非政治关联企业	大企业	中小企业	成熟型企业	初创型企业
	（1）	（2）	（3）	（4）	（5）	（6）
reform	0.00447 (0.00340)	0.00729*** (0.00274)	0.00254 (0.00226)	0.00786** (0.00338)	0.00316 (0.00257)	0.00949*** (0.00337)
控制变量	Yes	Yes	Yes	Yes	Yes	Yes
行业固定效应	Yes	Yes	Yes	Yes	Yes	Yes
城市固定效应	Yes	Yes	Yes	Yes	Yes	Yes

续表

变量	政治关联企业	非政治关联企业	大企业	中小企业	成熟型企业	初创型企业
	（1）	（2）	（3）	（4）	（5）	（6）
省份—年份固定效应	Yes	Yes	Yes	Yes	Yes	Yes
调整 R^2	0.045	0.079	0.036	0.067	0.049	0.074
样本数	8635	13803	11626	10812	11502	10936

注：***、**、*分别表示回归系数在1%、5%和10%水平上显著，括号内为稳健标准误。

3.7.3 "营改增"对企业投资的影响：基于非税负担扩张的视角

投资作为企业成长乃至产业升级的重要手段，在"营改增"背景下，是否会受到非税负担的约束，影响产业升级目标。对这一问题进行研究，有助于全面理解"营改增"非税负担效应的深远影响。由于2012～2016年调查了企业的新增投资总额及其投资去向，所以研究范围限定在这一区间。以新增投资占销售收入的比重衡量企业的投资行为，以企业非税负担为权重，考察"营改增"对企业投资的影响。表3－9第（1）列结果显示，gfzb × reform 系数在10%水平上显著为负，说明企业非税负担比重越高，占用企业发展资金越多，"营改增"对企业新增投资的挤出越多。

研发投资能够反映企业的创新意愿和创新能力，是企业转型升级的重要窗口。以企业新产品研发金额占销售收入的比重衡量研发投资水平，第（2）列结果显示，非税负担每增加1%，"营改增"将会使研发投资下降0.0372%。人力资本是企业发展的关键要素，持续的人力资本投资是驱动企业升级的重要保障。这里以"（员工工资＋员工培训费）/销售收入"衡量企业人力资本投资水平。第（3）列结果显示，非税负担越高，"营改增"对人力资本投资的挤出效应越多。综合来看，

"营改增"虽然有助于增进企业投资，但是也可能因为非税负担加重而弱化投资。因此，最大化"营改增"的投资效应，还应约束"营改增"的非税负担冲击。

之所以产生这种挤出现象，可以从官员政治晋升动机角度进行解读。稳定地方财政赤字是近年来的一个重要议题，也是考核地方官员的重要指标。如何弥补地方财政缺口，既可能通过增加土地出让收入来实现（王健等，2017；王健等，2019），也可能通过加强对企业的非税收入征管来补充（Liu，2018；谷成和潘小雨，2020）。换而言之，应对财政压力的能力和途径能够反映地方官员政治晋升动机。孟天广和苏政（2015）的研究指出，地方政府偏好扩张非税收入是为了"竞争上游"和"拒绝垫底"。通常情况下，地方政府加强对企业的非税收入征管，很可能会挤占企业的税后利润，降低私人部门投资，但是并不意味着地方政府会放弃投资在经济增长中的重要地位。地方政府仍然可以加强非税收入征管补充财政收入，同时利用扩张的非税收入增加公共投资，以弥补私人部门投资损失，从而实现财政收入和经济增长目标。从这个角度来看，本章的结论不仅不违背政治晋升理论的观点，反而丰富了其微观证据。

表 3-9　　　"营改增"对企业投资的影响：基于非税负担扩张的视角

变量	新增投资	研发投资	人力资本投资
	（1）	（2）	（3）
gfzb × reform	-0.153 * (0.0882)	-0.0372 ** (0.0150)	-0.168 * (0.0966)
reform	-0.0140 * (0.00815)	-0.00401 (0.00434)	-0.0127 * (0.00711)
gfzb	0.185 ** (0.0802)	0.0339 *** (0.0102)	0.393 *** (0.0450)
控制变量	Yes	Yes	Yes
行业固定效应	Yes	Yes	Yes

续表

变量	新增投资	研发投资	人力资本投资
	（1）	（2）	（3）
城市固定效应	Yes	Yes	Yes
省份—年份固定效应	Yes	Yes	Yes
调整 R^2	0.099	0.046	0.170
样本数	13609	15504	20345

注：*** 、** 、* 分别表示回归系数在1%、5%和10%水平上显著，括号内为稳健标准误。

3.8 ▶ 小结

本章基于2006～2016年中国私营企业调查数据，以地方财政压力冲击为视角，采用三重差分方法考察了"营改增"对企业非税负担的影响。研究发现，"营改增"显著加重了企业的各种规费支出，并且这一效应有增加的趋势。样本时期的涉企收费政策未能有效约束"营改增"对企业非税负担的冲击。异质性效应发现，减税显著的传统增值税行业，非税负担显著增加，体现了"按下葫芦浮起瓢"的现象。政治关联、大型和成熟的企业能够较好地利用既有的资源优势，阻断"营改增"对企业非税负担的不利影响，而非政治关联、中小型和初创型企业则是非税负担效应承载的主体。为了应对"营改增"带来的财政压力冲击，地方政府加强了对非税收入的征管力度，加重了企业非税负担。因此，有效约束地方政府涉企收费行为，有助于促进企业转型升级。结论对于深化增值税改革、健全地方税体系以及全面评估减税降费效果等方面具有启示意义。

第4章

降费政策有效性评估：来自
中国私营企业的证据

4.1 ▶ 引言

　　以减税降费为主要手段的供给侧结构性改革，在经济高质量发展过程中发挥了重要作用。"营改增"试点以来，通过结构性减税和普惠性减税相结合、清费立税等政策，取得了较为显著的阶段性效果。2018年政府工作报告指出，2013～2017年中国累计减轻企业税费负担3万多亿元。世界银行报告显示，2016～2017年，中国总体税负率（税费占利润的比重）分别为68%和65%。中国私营企业调查组调查显示，2018年，私营企业平均缴纳税费230余万元，占企业利润的比重为56%。表明随着减税降费举措的深入推进，私营企业税负总体上呈下降趋势。不过也应看到，当前仍高于40%的世界平均税负水平，成为现阶段私营企业高质量发展的重要制约因素。

　　为了激发企业市场活力，配合减税政策，减轻企业负担，2014年6月26日，国务院办公厅发布了《关于进一步加强涉企收费管理减轻企业负担的通知》，在中央和省级率先建立和实施了涉企收费目录清单制度。

财政部数据显示，2013年至2017年6月，经过持续清理规范，中央设立的行政事业性收费由185项减少至51项，减少幅度为72%，其中涉企收费由106项减少至33项，减少幅度为69%；政府性基金由30项减少至21项，减少幅度接近30%①。然而，"减税"之后，企业"缴费感"依旧强烈。从2018年全国私营企业调查反馈来看，除少部分企业主认为2017年税费总成本下降明显外，25.58%的企业认为税费负担有所降低，认为有所上涨的企业为22.83%，认为没有变化的占37.55%。换而言之，超过60%的私营企业认为税费成本没有显著降低。为何一边涉企收费制度不断公开透明，另一边市场经济主体"缴费感"并没有实质下降？这是本书评估降费政策实施效果的重要动机。

评估降费政策对企业非税负担的影响，前提是要厘清央地财政关系，确定收入归属问题。自分税制改革以来，在财政收入分配体制中，中央政府享有完全的征税权，占有税收分配的绝对优势地位，随着税收征管权不断上移，地方财政收支缺口逐渐扩大（Bai et al.，2019），寻求其他替代路径成为地方政府稳定财政收入的重要选择（郭庆旺，2019）。由于地方政府缺乏税收收入的征管权，而几乎拥有完全的非税收入征管权，当面临税收收入冲击时，就有动机加强对非税收入的征管（Liu，2018）。为了顺利推行税收征管体制改革，省级政府具有非税收入征管权，虽然这一制度在"市场维持型的财政联邦主义"方面发挥了重要贡献，但是也会对减税政策的实施效果产生一定的制约作用（吕炜、陈海宇，2015）。

从既有的研究看，国内外普遍关注减税政策效果（Liu & Lu，2015；Zwick & Mahon，2017；Fang et al.，2017；李永友和严岑，2018；Liu & Mao，2019；Zou et al.，2019），缺乏降费效果的评估分析。一个重要的原因是，美国等发达国家的非税收入在财政收入中的比例很低，不足中国的三分之一（刘蓉等，2017a）。因此，国际上研究非税收入和企业非税负担的文献相对缺乏。国内对降费政策的研究，主要集中在三个维度：一

---

① 国务院网站：http://www.gov.cn/zhengce/2017 - 06/29/content_5206809.htm。

是以调查问卷或走访调研的方式观测部分城市和行业的企业负担（刘蓉等，2017b）；二是基于减税降费政策实践，指出存在的潜在问题、挑战和建议（杨灿明，2017）；三是分析减税降费对宏观经济和微观企业行为的影响（吕炜、陈海宇，2015）。由于缺乏全国层面的涉企收费统计，实证分析企业非税负担的制度因素尚不明确，从而难以回答如何约束和规范地方政府涉企收费行为。

本书基于全国不同地区落实《国务院办公厅关于进一步加强涉企收费管理减轻企业负担的通知》的时间差异和降费力度差异，手工整理了省级《涉企收费目录清单》的实施时间、管理方式、科目数量等政策内容，然后与中国私营企业调查数据进行匹配，利用双重差分方法（Difference-in-Difference，DID）尝试评估了降费政策对企业规费支出的影响。研究发现，降费政策总体上未能有效降低企业非税负担。原因可能在于，一方面，在企业非税费用支出中，不仅有中央和省级收费科目，还有省级以下收费科目，各级涉企收费如果没有得到有效监管，就可能弱化降费效果；另一方面，非税收入是地方财政的重要组成部分，减轻企业非税负担，减少了地方非税收入，制约了地方降费积极性。但是在降费力度较大的地区，能够呈现显著的降费效果。从收费归属角度来看，地方国库收入归属比重高的地区，企业非税负担显著降低。长期来看，随着省级以下涉企收费目录清单制度的逐步推进，减轻企业负担值得期待。

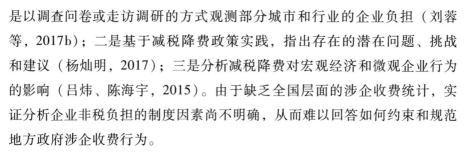

4.2 ▶ 制度背景与研究假设

减税降费是当前中国供给侧改革的重要手段，以减轻企业负担，释放经济发展活力。然而，地方与中央之间的博弈，对于减税降费效果具有重要影响。以增值税为核心的减税政策中，由于征税权在中央，包括征管机构、税率设置、实施范围等，地方很难直接影响减税政策的制定与执行，也就是说，减税政策的执行弹性相对较小。而降费政策却有本质不同，非税收入的征管权在地方，降费政策直接降低了地方非税收入，在纵向财力不均衡的财政体制下，降费政策的征收弹性就可能存在较大的不确定性，进而影响降费政策的实际效果。因此，评估降费政策的有效性，一方面需要廓清财政收入分配的基本事实，把握中央与地方的财政关系；另一方面，需要梳理非税收入管理制度变迁过程，厘清地方政府非税收入征管现状。在此基础上，基于涉企收费目录清单制度实践，提出待检验的研究假设。

4.2.1　收入归属与央地财政关系

随着税收征税权的不断上移，地方财政的可持续性面临越来越严峻的挑战。在纵向财力失衡的制度设计下，为了维持经济运行，实现财政收入目标，地方有动机将非税收入纳入到预算外管理，积极扩大预算外收入。《政府非税收入管理办法》第四条明确，非税收入是政府财政收入的重要组成部分。据国家统计局数据显示，2007～2016 年，非税收入占财政收入的比重不断攀升，其中，中西部地区非税收入占比更是达到30%以上①。

从根本上来说，收入归属设计是造成非税收入扩张难以有效遏制的重要成因。在分税制改革背景下，地方税权不断弱化，为了应对财政收支缺口 (Liu，2018；Bai et al.，2019)，地方政府容易作出策略性反应，寻求其他增收途径 (郭庆旺，2019)，从而加强对土地出让、政府性基金和企业非税费用的征管 (唐云锋、马春华，2017；Liu，2018)。从这个角度来看，财政缺口和收入归属设计很可能与地方非税收入膨胀存在密切关联，而地方政府在非税收入科目设置、征收标准、征收范围以及征收机构等方面的权限，为非税收入征管加强提供了制度基础，导致地区间非税收入征管力度存在非常大的弹性 (陈工、洪礼阳，2014)。

---

① 国家统计局网站：http://www.stats.gov.cn/。

4.2.2　非税收入管理制度变迁

从非税收入管理政策来看，经历了四次比较重要的制度变迁。1994年，《预算法》和《实施条例》开始实施，但是基本没有明确非税收入和公共收费的科学内涵、科目设置、征收管理和分成管理办法，这一时期的非税收入管理存在政策界定不清、政府收入分配秩序混乱等不足，造成腐败滋生、收支效率低下等诸多问题。2004年，《关于加强政府非税收入管理的通知》明确非税收入管理范围、分类、分成办法，但是尚未有效确立非税收入的监督约束机制，仅有行政事业性收费纳入预算管理。直到2011年，《关于将预算外资金管理的收入纳入预算管理的通知》规定，将预算外收入全部纳入预算管理。为了加强非税收入管理，规范政府收支行为，2016年，《政府非税收入管理办法》规定了各类非税收入科目的设立和征收的管理权限，以及相应的收入归属和分成比例，实行国库集中收缴制度。其中，财政部负责全国非税收入管理，县级以上财政部门负责本区域的非税收入管理。

4.2.3　涉企收费目录清单制度

为了切实减轻企业负担，在中央层面率先实施了清理收费的政策。《关于公布取消和免征一批行政事业性收费的通知》要求自2013年8月1日起，在全国统一取消和免征33项行政事业性收费。为了清理涉企收费，2014年6月26日，《关于进一步加强涉企收费管理减轻企业负担的通知》颁布，要求各地区尽快建立和实施涉企收费目录清单制度。随后于2014年9月至2016年7月，省级涉企收费目录清单制度在全国不同地区逐步实施。然而，这一时期只是完成了在中央和省级层面的降费制度设计，省级以下的收费目录清单制度尚未建立，而且没有形成独立的涉企收费监管主体。自2016年起，以实施涉企收费目录清单制度为核心，中央加强了对所有地区落实减轻企业负担政策状况的监督检查（工信部运行函〔2016〕141 号、工信部运行函〔2017〕439 号、工信部运行函〔2018〕131 号、工信部运行函〔2019〕120 号）。工业和信息化部运行监测协调局负责制定企业减轻负担的政策制度，并承担全国所有地区的监督检查工作，以期提高地方降费力度。因此，基于非税收入归属、非税收入管理制度以及涉企收费政策的基本事实，提出研究假设：

假设 4 - 1：样本期内，涉企收费目录清单制度可能无法普遍减轻企业非税负担。

不同地区执行涉企收费目录清单制度不仅有政策出台时间上的先后差异，而且在政策内容披露详实程度以及收费项目数量等方面也有较大差异，意味着地区降费力度可能存在较大不同。在政策出台后，部分地区仍然存在违规收费、变相乱收费现象①②③④。即便在专门的监督机构成立之后，降费政策的执行力度和效果在地区间并不同步，各地区降费力度差异很可能与降费政策实施效果密切相关。

基于私营企业调查和涉企收费目录清单数据，以地区规费支出为因变量，以地区降费力度为自变量，并控制企业年龄、企业规模、盈利能力、员工政治身份、行业身份和员工党员身份，表 4 - 1 考察了降费力度对地区规费支出的影响。其中，以地区三项涉企收费科目数量之和衡量降费力度大小，一般地，收费科目数量越多，降费意愿越弱，降费力度越小，反之亦然；以省份—年份维度的企业规费支出衡量地区规费支出水平。为降低异方差的影响，收费科目数量和规费支出均取自然对数表示。第（1）列结果显示，地区涉企收费科目数量变量（lnsfcount）在 1% 水平上显著为正，意味着该地区涉企收费科目数量越少，辖区内的企业平均规费支出

---

① 工业和信息化部网站：http：//www. miit. gov. cn/n1146285/n1146352/n3054355/n3057511/n3057521/n3057522/c4376814/content. html。

② 国务院网站：http：//www. gov. cn/xinwen/2015 - 08/26/content_2920301. htm。

③ 人民日报网站：http：//finance. people. com. cn/n1/2019/0409/c1004 - 31018589. html。

④ 国务院网站：http：//www. gov. cn/hudong/2019 - 07/05/content_5406362. htm。

越少。进一步地，考虑到不同时间和不同行业的规费支出可能存在显著差异，因此在第（2）列和第（3）列分别纳入了年份和行业固定效应，结果依然发现二者之间呈正相关关系。基于此，提出另一假设：

假设 4 - 2：降费力度较大的地区，涉企收费目录清单制度减轻企业负担的效果可能较为明显。

表 4 - 1　　　　地区涉企收费科目数量与地区规费支出之间关系

变量	（1）	（2）	（3）
lnsfcount	0. 176 *** (0. 015)	0. 203 *** (0. 014)	0. 190 *** (0. 014)
控制变量	Yes	Yes	Yes
年份效应	No	Yes	Yes
行业效应	No	No	Yes
R^2	0. 094	0. 171	0. 181
样本数	12499	12499	12499

注：*、**、*** 分别表示在 10%、5% 和 1% 水平上显著。

4.3 ▶ 实证设计

4.3.1　模型构建

本章的基本目标是要评估涉企收费目录清单制度对企业非税负担的影响。基于研究假设，构建模型如下：

$$\ln gf_{it} = \beta_0 + \beta_1 \, reform_{nt} + \gamma X_{it} + \delta_k + \varphi_m + \omega_t + \varepsilon_{it} \qquad (4-1)$$

关注的被解释变量是企业支付的各种非税费用支出。在跨期的私营企业调查数据中，与企业非税费用支出密切相关的问卷为，"您的企业全年缴纳各种规费多少万元"①，这一指标能够大致反映政府征收的涉企收费额情况。为降低异方差的影响，本书对被解释变量取自然对数表示。

reform 变量是政策评估的核心变量。问题的关键在于识别哪些地区可能会受到政策的影响，哪些地区不太可能受到政策影响。由于全国省级层面落实中央涉企收费目录清单制度（国办发〔2014〕30 号）的实施时间为 2014 年 8 月 30 日至 2016 年 7 月 6 日，借鉴既有研究的思路（陈钊、王旸，2016；Fang et al.，2017；Zou et al.，2019），考察较早出台涉企收费目录清单制度的地区相对于较晚出台的地区，在实施之后有何效果差异。因此，本书拟以实施时间较早的地区为处理组，以实施时间较晚的地区为对照组，考察涉企收费制度对企业非税负担的影响。具体而言，如果该地区在 2015 年第四季度之前出台了涉企收费目录清单制度②，则定义 reform 变量在 2015 年取值为 1，之前为 0；2015 年第四季度及其之后开始实施的地区在样本期内均取值为 0。其中，i 表示企业，t 表示年份，k 表示行业，m 表示城市，n 表示省份。

准确评估降费政策对企业规费支出的影响，不仅要考虑各地区的政策实施时间差异，还要考虑降费力度的差异。这是因为，涉企收费目录清单中收费科目的多寡，一定程度上能够反映地方降费意愿，从而影响企业规费支出规模。拟以地区涉企收费科目数量均值为分组依据，考察降费力度在降费政策中的异质性效应。

基于相关文献和调查问卷指标设计，在模型（4-1）中，纳入了以下控制变量 X：（1）企业特征，主要包括企业年龄（firmage）、企业规模（lnemp）和盈利能力（netl）。其中，企业年龄使用调查年份减去注册年份表示，反映"大众创业、万众创新"等小微企业税费优惠政策对企业

---

① 规费支出是指企业向各级政府缴纳的除税收以外的其他所有费用支出。

② 考虑到实施较晚的地区，可能在当年难以有效发挥政策作用，因此，这里对 2015 年第四季度才开始实施涉企收费目录清单制度的地区作为对照组，即进行滞后一期研究。表 7 对这一政策识别策略进行了稳健性检验。

非税费用支出的影响；一般来说，规模越大、盈利能力越强的企业，越可能成为地方政府关注的对象，对这类企业加强征管，有助于稳定财政收入。这里采用员工人数的自然对数和净利润占销售收入的比重分别度量企业的规模和盈利能力。（2）企业主特征，主要包括政治身份（political）、行业身份（hysf）和党员身份（dysf）。研究表明，具有"红色印记"的企业，社会责任意识更强（高勇强等，2012），但是也有研究发现，具有政治身份的企业，避税动机越强（李维安、徐业坤，2013）。因此，企业主的身份特征可能也会影响企业非税费用支出意愿。以企业主是否具有人大代表或政协委员身份判断政治身份，基于企业主是否具有工商联会员身份判断行业身份，基于企业主的政治面貌判断党员身份。（3）固定效应，主要包括城市固定效应（φ_m）、行业固定效应（δ_k）和年份固定效应（ω_t），分别用来控制城市间、行业间和跨期非税收入征管差异的影响。

　　表 4-2 给出了主要变量的描述性统计。结果显示，中国私营企业的平均规费支出大约为 40 万元，缩减后的最大企业规费支出为 1123 万元，最小企业规费支出为 0.10 万元。企业特征表明，中国私营企业的平均年龄约为 10 年，平均从业人数为 53 人，平均净利润率为 10.46%。从企业主特征来看，41.34% 的企业主具有政治身份，66.22% 的企业主具有行业身份，37.96% 的企业主具有党员身份。这些特征基本反映了中国私营企业在经济转轨过程中的非税负担、经营业绩、政企关系等一般事实，对这些特征进行初步分析，一方面有助于理解降费政策的设计初衷，另一方面有助于把握中国私营企业发展进程的非税约束难题及其制约因素。

表 4-2　　　　　　　　　　变量的描述性统计　　　　　　　　金额单位：万元

变量	变量定义	样本数	均值	标准差	最小值	最大值
gf	企业规费支出	13919	39.7714	113.4893	0.1000	1123.0000
reform	率先实施清单制度的地区在 2015 年为 1，其他为 0	13913	0.1188	0.3236	0.0000	1.0000

续表

变量	变量定义	样本数	均值	标准差	最小值	最大值
firmage	企业年龄，调查年份—注册年份	13531	9.7701	5.7187	0.0000	43.0000
lnemp	企业规模，就业人数对数	13734	3.9651	1.6016	0.0000	11.0021
netl	盈利能力，净利润与销售收入之比	13360	0.1046	0.1667	-0.4615	0.9375
political	企业主政治身份，是否为人大代表或政协委员	13919	0.4134	0.4924	0.0000	1.0000
hysf	企业主行业身份，是否为工商联会员	13549	0.6622	0.4730	0.0000	1.0000
dysf	企业主党员身份，是否为中共党员	13919	0.3796	0.4853	0.0000	1.0000

4.3.2 数据统计与处理

地区涉企收费项目数量是本文政策评估的重要对象之一。相关数据来源于各地区（省、直辖市和自治区）人民政府、发展和改革委员会、物价局网站，以及工业和信息化部运行监测协调局和财政部税政司网站，通过手工整理各地区的《涉企行政事业性收费目录清单》《涉企经营服务性收费目录清单》《涉企政府性基金目录清单》，进而对各地区涉企收费科目数量进行加总而得。

根据目录清单统计特点，大致可划分为一级、二级、三级科目类型，其中一级科目主要根据部门划分，例如卫计、食品药品监督、知识产权、住房城乡建设、国土资源、环保、交通、农业等；二级科目为不同部门的收费项目，例如食品药品监督部门有"药品注册费""中药品种保护评审初审费""检验费"等6个二级收费项目，而"检验费"中，又包括"药品检验费""化妆品检验费""医疗器械产品检验费""食品检验费"4个三级科目。考虑到一级科目无法准确反映收费数量变化，即使降费科目大幅增加，可能也无法完全取消部门收费权限，也就无法观测降费力度的差异和变化。这是因为，作为弥补市场失灵的重要手段，公共收费在降低负外部性方面具有非常重要的补充功能。而三级科目总体上是根据产品或行业类型划分的，对于一般企业来说，可能仅能从事某一行业的生产经营，很少存在既生产药品、还生产化妆品、医疗器械产品，也就是说，企业不太可能同时缴纳三级科目的所有项目费用。从这个角度来讲，选择二级科目更为合理。因此，本章在统计涉企收费科目数量时，以二级科目数量为准。表 4 - 3 列示了全国 31 省区市三种涉企收费目录清单的科目数量统计情况。

表 4 - 3 　　　　　　　　　　各地区涉企收费科目数量基本统计

地区	实施时间	A	B	C	合计	地区	实施时间	A	B	C	合计
北京	2016 年 1 月 1 日	39	14	10	63	湖北	2015 年 10 月 1 日	48	21	19	88
天津	2015 年 12 月 1 日	38	30	25	93	湖南	2014 年 12 月 18 日	63	28	17	108
河北	2014 年 12 月 29 日	56	18	24	98	广东	2015 年 8 月 27 日	96	29	25	150
山西	2014 年 9 月 30 日	76	6	20	102	广西	2015 年 12 月 1 日	90	19	26	135
内蒙古	2015 年 9 月 6 日	81	18	17	116	海南	2015 年 3 月 27 日	35	24	17	76
辽宁	2015 年 12 月 30 日	49	13	15	77	重庆	2014 年 8 月 31 日	84	50	23	157
吉林	2016 年 7 月 6 日	57	25	23	105	四川	2015 年 9 月 1 日	64	17	22	103
黑龙江	2015 年 8 月 1 日	60	24	20	104	贵州	2014 年 12 月 25 日	61	22	25	108
上海	2015 年 2 月 6 日	62	12	25	99	云南	2016 年 1 月 17 日	6	6	24	36
江苏	2015 年 11 月 1 日	94	51	24	169	西藏	2014 年 9 月 10 日	37	71	5	113
浙江	2014 年 12 月 25 日	55	11	14	80	陕西	2015 年 9 月 18 日	65	10	16	91
安徽	2015 年 1 月 1 日	62	17	19	98	甘肃	2015 年 10 月 16 日	15	15	23	53
福建	2015 年 7 月 16 日	126	24	21	171	青海	2015 年 1 月 27 日	54	8	13	75
江西	2014 年 12 月 19 日	91	11	25	127	宁夏	2016 年 1 月 25 日	81	12	16	109
山东	2014 年 12 月 26 日	79	20	24	123	新疆	2015 年 5 月 1 日	86	58	21	165
河南	2014 年 12 月 26 日	89	17	23	129						

注：A、B、C 分别表示涉企行政事业性收费、涉企经营服务性收费和涉企政府性基金费的科目数量。

本书采用的微观数据来自全国工商联、市场监督管理总局等国家部门发起成立的私营企业研究课题组，每间隔一年对全国私营企业进行抽样问卷调查。自 1993 年首次调查以来，截至 2018 年已完成十三次调查。该数据是考察全国私营企业发展面貌、税费负担、营商环境、企业主态度等方面的重要来源。本书采用了 2006～2016 年共计 6 个年度的抽样调查数据，该调查反映了上一年度的实际数据，即调查了企业在 2005 年、2007 年、2009 年、2011 年、2013 年和 2015 年的发展情况。根据研究需要，本书对私营企业调查原始数据进行以下筛选：（1）通过查询涉企收费相关文件，发现对小微企业实行免征规费的优惠政策（《财政部 国家发展改革委关于免征小型微型企业部分行政事业性收费的通知》，财综〔2011〕104 号）。如果将规费支出为 0 的样本包括在内，可能会导致无法干净地识别涉企收费政策（国办发〔2014〕30 号文）的影响。而且规费为 0 的样本，既可能是企业本身不需要缴纳各种规费，也可能是被调查者不清楚具体信息而存在填报错误问题。规费为 0 的样本有 11777 个，占原始样本的 45.4%。因此，本书将研究对象限定在规费支出大于 0 的样本中。（2）对于跨年度的行业代码发生变化的情况进行调整，其中合并行业的样本有 418 个。（3）根据企业邮政编码信息确定企业所属城市位置，对于地理信息不详的样本进行删除处理，涉及 20 个样本。（4）以企业第一主业确定行业信息，删除行业信息不详的样本，涉及 2560 个样本。（5）在规费支出大于 0 的条件下对存在异常值的连续型变量在 1% 两端缩减处理，其中，净利润率缩减样本有 2095 个，规费支出缩减样本为 246 个。

4.4 ▶ 实证结果

4.4.1 基准回归结果

基于模型（4-1），表 4-4 列示了基本回归结果。在未纳入任何控制变量的情况下，第（1）列结果显示，reform 系数为负，但不显著，初步表明涉企收费目录清单制度总体上没有显著降低企业规费支出。第（2）列控制了企业年龄、企业规模和盈利能力等企业特征变量，reform 系数依然不显著。第（3）列进一步控制了企业主特征变量，reform 系数没有显著变化。为了鼓励和支持特定行业的发展，例如集成电路、高新技术、高端制造、现代农业等行业，可能不仅给予税收优惠，还会给予"费"的照顾，那么行业间的非税负担可能就会存在一定差异。因此，第（4）列进一步控制了行业固定效应，结果仍未观测到政策变量显著。

表 4 - 4 降费政策实施效果评估：基准回归结果

变量	（1）	（2）	（3）	（4）
reform	−0.207 (0.158)	−0.068 (0.137)	−0.061 (0.139)	−0.049 (0.139)
firmage		0.015 *** (0.003)	0.012 *** (0.003)	0.011 *** (0.003)
lnemp		0.648 *** (0.013)	0.618 *** (0.012)	0.609 *** (0.014)
netl		0.588 *** (0.116)	0.588 *** (0.121)	0.580 *** (0.115)
political			0.150 *** (0.034)	0.142 *** (0.031)
hysf			0.114 *** (0.031)	0.128 *** (0.032)
dysf			0.106 *** (0.031)	0.103 *** (0.028)
年份效应	Yes	Yes	Yes	Yes
城市效应	Yes	Yes	Yes	Yes
行业效应	No	No	No	Yes
R^2	0.171	0.442	0.446	0.471
样本数	13912	12835	12498	12498

注：括号内为省级层面聚类标准误；*、**、*** 分别表示在10%、5%和1%水平上显著。

从政策变量的系数大小来看，随着企业特征变量、企业主身份特征变量以及行业固定效应的纳入，系数绝对值随之下降，说明控制这些因素能够部分解释企业非税费用支出差异的原因。从企业特征来看，年龄越长（firmage）、规模越大（lnemp）和盈利能力（netl）越强的企业，越可能成为地方政府的非税收入重点征管对象，因而非税负担越高，这与预期是一致的。从企业主特征来看，政治身份（political）、行业身份（hysf）和党员身份（dysf）变量均显著为正，意味着具有"红色印记"的企业，社会责任意识更强（高勇强等，2012），因此非税负担支付意愿和支付能力显著高于非身份型企业。

地区涉企收费目录清单制度从总体上未能显著降低企业非税负担，主要原因可能主要体现在以下四个方面：（1）降费政策直接影响到地方政府的非税收入，如果切实降费，很可能损害地方政府财政收入，为了实现财政收入增长目标和政治晋升，地方政府有动机进行"增费"或"明降暗升"，以实现"竞争上游"。（2）不同地区虽然明确了涉企收费目录清单制度，但是各地区的降费意愿和降费力度存在较大差距，甚至只是将收费科目透明度提高，并未实质减少收费科目，进而导致总体效果欠佳。审计署和国家市场监管总局的调查结果一定程度上能够反映降费政策被弱化的原因①。（3）企业规费支出除了有省级项目外，还有大量的中央、地级市、县（区）、镇（街道）等不同层级政府的收费。从样本考察期来看，省级以下的目录清单制度尚不完善，绝大多数省级以下政府未明确或尚未出台涉企收费目录清单制度，导致降费效果与降费目标之间存在较大差距。（4）以"营改增"为核心的结构性减税政策增加了地方财政压力（Bai et al.，2019），弱化了地方降费意愿，从而未能显著降低企业的规费支出（Liu，2018）。

---

① 审计署 2019 年审计发现，13 个地区应由财政资金承担的评估评审费用转嫁给申请企业，8 个地区通过垄断经营、摊派等手段违规收费，27 个地区违规收取或未及时清退保证金。市场监管总局公布了涉企违规收费案例。http://finance.people.com.cn/n1/2019/0409/c1004 - 31018589. html；http://www.samr.gov.cn/jjj/jgjg/201902/t20190219_290746.html。

4.4.2　基于地区降费力度的比较

评估降费政策对企业规费支出的影响，不仅要考虑各地区的政策实施时间差异，还要考虑降费力度的差异。这是因为，涉企收费目录清单中收费科目数量的多寡，一定程度上能够反映地方降费意愿，从而影响企业规费支出规模。这里采用分组检验策略（Liu & Lu，2015；Zwick & Mahon，2017；唐珏、封进，2019），揭示降费政策有效性的原因和主体。具体而言，以地区涉企收费科目数量均值作为区分降费力度的依据。

表 4 – 5 结果显示，在降费力度高（high，涉企收费科目数量均值以下）的地区，降费政策显著降低了企业非税负担。而在降费力度低（low，涉企收费科目数量均值以上）的地区，未发现非税负担减轻效应。初步证实了研究假设 2 的正确性，即降费力度较大的地区，能够较为明显地减轻企业非税负担。一方面，这一发现为准确识别降费政策的非税负担效应提供了证据，证实了地区降费力度对于实现降费政策效果具有重要影响。另一方面，随着 2016 年以来涉企收费制度的不断深入推进，尤其是省级以下涉企收费制度不断趋于规范，不断降低涉企收费科目数量，将会有越来越多的地区适用于第（2）列的回归情形，不断扩大企业非税负担减轻的覆盖范围，从而取得较为理想的降负效果。因此，本书的研究结论对于贯彻"确保企业减税降费落实到位""切实降低企业税费成本"政策具有一定的启示意义。

表 4 – 5　　降费政策实施效果评估：基于降费力度的视角

变量	high		low	
	（1）	（2）	（3）	（4）
reform	− 0. 339 *** （0. 105）	− 0. 323 *** （0. 105）	0. 301 *** （0. 060）	0. 310 *** （0. 054）
控制变量	Yes	Yes	Yes	Yes

续表

变量	high		low	
	（1）	（2）	（3）	（4）
年份效应	Yes	Yes	Yes	Yes
城市效应	Yes	Yes	Yes	Yes
行业效应	No	Yes	No	Yes
R^2	0.476	0.500	0.405	0.432
样本数	7144	7144	5354	5354

注：括号内为省级层面聚类标准误；*、**、***分别表示在10%、5%和1%水平上显著。

4.5 ▶ 稳健性检验

4.5.1 平行趋势检验

双重差分模型评估政策实验的一个重要条件是处理组和对照组在政策变动前满足平行趋势假说。为了证明基准回归结果不是被不同趋势导致的，本章将模型（4-1）中的 reform 替换为地区处理变量 list 与年度哑变量 d_l 的交乘项，l 代表不同的年份（2007年、2009年、2011年、2013年和2015年），当且仅当在 l 年时，$d_l = 1$，否则为0。需要说明的是，为了避免共线性问题，没有将2005年时间变量及其交互项放入模型。回归方程设计如下：

$$\ln gf_{it} = \beta_0 + \beta_{11} \sum_{2007}^{2015} list_n \times d_l + \gamma X_{it} + \delta_k + \varphi_m + \omega_t + \varepsilon_{it} \qquad (4-2)$$

根据模型（4-2），图4-1作出了降费政策实施效果的年度效应。结果显示，β11系数在0以上，但是置信区间波动较大，各个年度均没有发

现处理组与对照组的显著差异。同时，从 2015 年交互项 β11 来看，系数
不显著，证实了基准结论的稳健性。

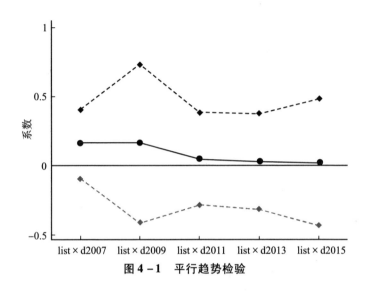

图 4 – 1　平行趋势检验

　　为了检验表 4 – 5 得到的异质性效应不是由不同的时间趋势引发，这里
借鉴安格里斯特和皮施克（Angrist & Pischke，2014）研究美国最小合法饮
酒年龄对死亡率影响的检验方法，即通过控制处理变量的时间趋势，来消
除处理变量随时间变化的组间差异。这一方法的显著优势是，允许政策变
革在不同地区具有不同的时间趋势。应用到本书中，不同地区落实国办发
〔2014〕30 号文的时间不同，将"省份固定效应 × 年份趋势"纳入模型
（4 – 1）。与此同时，当因变量的相关影响因素具有不同的变动趋势时，
可能会导致因变量在处理组和对照组之间的平行趋势发生变动。这里分别
纳入"控制变量 × 年份趋势"和"控制变量 × 年份哑变量"对相关影响
因素的变动趋势进行控制。表 4 – 6 结果显示，关注的 reform 变量与基本
回归结果（表 4 – 4 和表 4 – 5）表现一致，证实了结论的可靠性，说明不
是趋势造成了处理组和对照组企业非税负担的差异，两组企业在涉企收费
政策实施前满足较好的平行趋势要求。

表 4 - 6 平行趋势检验

变量	all	high	low	all	high	low	all	high	low
	(1)	(2)	(3)	(4)	(5)	(6)	(7)	(8)	(9)
reform	-0.022 (0.133)	-0.304 ** (0.127)	0.370 ** (0.154)	-0.047 (0.145)	-0.334 *** (0.105)	0.351 *** (0.050)	-0.052 (0.140)	-0.315 *** (0.104)	0.313 *** (0.057)
省份效应×年份趋势	Yes	Yes	Yes	—	—	—	—	—	—
控制变量×年份趋势	—	—	—	Yes	Yes	Yes	—	—	—
控制变量×年份哑变量	—	—	—	—	—	—	Yes	Yes	Yes
控制变量	Yes	Yes	Yes	Yes	Yes	Yes	Yes	Yes	Yes
年份效应	Yes	Yes	Yes	Yes	Yes	Yes	Yes	Yes	Yes
城市效应	Yes	Yes	Yes	Yes	Yes	Yes	Yes	Yes	Yes
行业效应	Yes	Yes	Yes	Yes	Yes	Yes	Yes	Yes	Yes
R^2	0.475	0.503	0.434	0.472	0.501	0.434	0.476	0.504	0.441
样本数	12498	7144	5354	12498	7144	5354	12498	7144	5354

注：括号内为省级层面聚类标准误；*、**、***分别表示在10%、5%和1%水平上显著。

4.5.2 政策识别策略的影响

随机性是政策冲击的基本要求之一[①]。如果涉企收费政策实施不是随机的，那么政策评估结果就可能存在偏误。对此，本书借鉴费拉拉（Ferrara et al.，2012）、刘和陆（Liu & Lu，2015）的做法，利用随机生成的涉企收费政策试点进程进行安慰剂检验。图 4 - 2 展示了 200 次蒙特卡洛模拟得到的虚拟政策的估计系数分布，垂直的实线表示的是真实政策的估

---

① 实际上，很多试点政策并不满足唯一性要求，但是仍然受到了较为广泛的认可。一个代表性的试点政策是"营改增"（陈钊和王旸，2016；Fang et al.，2017；李永友和严岑，2018）。此外，还有增值税转型试点政策（Liu & Lu，2015；Liu & Mao，2019）。

计系数。结果显示，在降费力度较大（high）的左图，模拟的回归系数服从正态分布且均值位于 0 附近，与真实政策的回归系数（-0.323）有较大差距。而在降费力度较小（low）的右图，同样发现模拟的回归系数偏离真实回归系数（0.310）。表明虽然本书的政策冲击具有多次性，但是基准模型的识别策略是能够较为清晰地识别出地区降费力度差异是推动降费政策有效的重要条件。

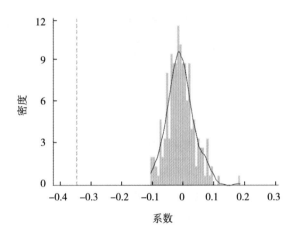

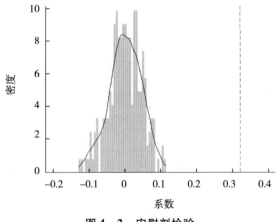

图 4 - 2 安慰剂检验

为了进一步佐证政策识别结果的稳健性，这里对政策变量 reform 作出如下检验：一是以 2015 年第三季度之前的地区为处理组，二是以 2015 年第二季度之前的地区为处理组，对照组不变（2015 年第四季度及其之后实施的地区）。表 4 - 7 结果显示，假设 4 - 1 和假设 4 - 2 依然稳健成立。说明即使改变政策识别策略，仍然能够观测降费政策的异质性效应，意味着总体上降费效果不显著，不太可能是因为政策识别策略不足造成的，而是地区降费力度差异导致了异质性效应。需要指出的是，本书政策评估关注的是涉企收费政策的短期效应，虽然从总体上结果尚不显著，但是并不否定涉企收费制度的积极作用。随着省级以下涉企收费制度的推进，不断降低涉企收费科目，提高降费力度，企业非税负担长期将能够取得较为理想的降负效果。本书的结论能够为涉企收费制度的长期效应提供经验支撑。

表 4 - 7　　　　　　　　稳健性检验：改变政策识别策略

变量	2015 年第三季度之前的地区为处理组			2015 年第二季度之前的地区为处理组		
	all	high	low	all	high	low
	（1）	（2）	（3）	（4）	（5）	（6）
reform	- 0.053 (0.144)	- 0.301 ** (0.113)	0.304 ** (0.087)	- 0.057 (0.145)	- 0.301 ** (0.113)	0.297 ** (0.091)
控制变量	Yes	Yes	Yes	Yes	Yes	Yes
年份效应	Yes	Yes	Yes	Yes	Yes	Yes
城市效应	Yes	Yes	Yes	Yes	Yes	Yes
行业效应	Yes	Yes	Yes	Yes	Yes	Yes
R^2	0.486	0.512	0.446	0.486	0.512	0.445
样本数	10005	6151	3854	9863	6151	3712

注：括号内为省级层面聚类标准误；* 、 ** 、 *** 分别表示在10% 、5%和1%水平上显著。

4.5.3　混合政策检验

本章的研究期间恰好涵盖了"营改增"部分试点过程，如果"营改增"对地方财政收入产生一定影响，那么就可能影响地方政府的降费行为。为了更准确地识别降费政策的效果，需要在基准模型的基础上识别"营改增"的影响。由于"营改增"分地区、分行业逐步纳入试点，所以企业所属地区和所属行业决定"营改增"变量的识别。首先，定义行业处理变量 treat。借鉴陈钊和王旸（2016）的做法，将所有受到政策影响的行业都作为处理组行业，包括试点的服务业（交通运输、信息服务、租赁、商业服务和科研技术）以及传统增值税行业（制造业、农林牧渔业、采矿业和电力煤气水业）。其次，地区—时间处理变量 did。试点地区的企业在 2011 年之后（不含 2011 年）取值为 1，将非试点省份的企业在 2013 年之后（不含 2013 年）取值为 1，之前取值为 0。treat × did 即为"营改增"对企业非税负担的影响，从表 4 – 8 第（1）列结果来看，"营改增"显著增加了企业非税负担。从涉企收费制度实施效果来看，稳健地支持假设 4 – 1 和假设 4 – 2，说明基准回归结果不太可能会受到"营改增"政策的干扰。2011 年，《关于将预算外资金管理的收入纳入预算管理的通知》和《关于公布取消 253 项涉及企业行政事业性收费的通知》开始实施，可能会影响企业非税负担变化。基于此，本书将研究对象限定在 2011 年之后，以规避相关政策调整的影响。表 4 – 8 最后三列结果显示，reform 系数及其显著性特征没有发生显著改变。

表 4 – 8　　　　　　　　　稳健性检验：混合政策检验

变量	"营改增"			非税收入管理政策		
	（1）	（2）	（3）	（4）	（5）	（6）
reform	– 0.052 (0.142)	– 0.330 *** (0.102)	0.321 *** (0.059)	– 0.025 (0.150)	– 0.339 *** (0.094)	0.425 *** (0.105)
treat × did	0.154 ** (0.069)	0.142 (0.100)	0.228 ** (0.085)			
did	– 0.023 (0.087)	– 0.053 (0.127)	– 0.084 (0.118)			

续表

变量	"营改增"			非税收入管理政策		
	（1）	（2）	（3）	（4）	（5）	（6）
控制变量	Yes	Yes	Yes	Yes	Yes	Yes
年份效应	Yes	Yes	Yes	Yes	Yes	Yes
城市效应	Yes	Yes	Yes	Yes	Yes	Yes
行业效应	Yes	Yes	Yes	Yes	Yes	Yes
R^2	0.472	0.501	0.433	0.515	0.535	0.490
样本数	12498	7144	5354	7655	4431	3224

注：括号内为省级层面聚类标准误；＊、＊＊、＊＊＊分别表示在10％、5％和1％水平上显著。

4.5.4 财政压力和非税征管的影响

非税征管力度和财政压力变化可能是影响企业非税负担的重要因素。涉企收费政策总体上没有显著降低企业非税负担，也可能是因为，非税收入具有自由裁量权（郭庆旺，2019），在涉企收费政策实施前，应征未全征，而在涉企收费政策实施后，由于地方财政压力上升，开始应征尽征。换句话说，地方财政压力和涉企收费征管力度可能会影响本书的结论。因此，有必要纳入二者因素检验结论是否稳健。具体而言，财政压力（pressure）使用"（一般预算内支出——一般预算内收入）/一般预算内收入"表示（唐云锋、马春华，2017），非税征管力度（te）借鉴税收征管的测度做法（Xu et al.，2011）[①]。结果显示，reform 变量没有发生显著变化。此外，由于模型已经纳入了城市固定效应，所以财政压力和非税征管力度没有呈现显著的影响。

---

① 由于缺少涉企收费数据统计，这里以地区非税收入为测度对象。等式左边表示非税收入占 GDP 的比重，等式右边分别为第二产业占比、第三产业占比、对外开放和年度固定效应，通过对下式进行回归可测算非税收入征管强度：$T_{it}/GDP_{it} = \alpha_0 + \alpha_1 IND2_{it}/GDP_{it} + \alpha_2 IND3_{it}/GDP_{it} + \alpha_3 OPEN_{it}/GDP_{it} + \zeta_t + \varepsilon_{it}$，等于实际非税收入与预期非税收入之比：$te = (T_{it}/GDP_{it})/(T_{it}/GDP_{it-est})$。

表 4 - 9　　　　　　　　　稳健性检验：财政压力和非税征管的影响

变量	all	high	low	all	high	low
	（1）	（2）	（3）	（4）	（5）	（6）
reform	- 0.049	- 0.323 ***	0.302 ***	- 0.040	- 0.336 ***	0.332 ***
	（0.140）	（0.106）	（0.055）	（0.140）	（0.109）	（0.057）
pressure	0.027	- 0.002	0.286			
	（0.125）	（0.114）	（0.211）			
te				0.209 *	0.143	0.142
				（0.118）	（0.108）	（0.155）
控制变量	Yes	Yes	Yes	Yes	Yes	Yes
年份效应	Yes	Yes	Yes	Yes	Yes	Yes
城市效应	Yes	Yes	Yes	Yes	Yes	Yes
行业效应	Yes	Yes	Yes	Yes	Yes	Yes
R^2	0.471	0.500	0.432	0.472	0.501	0.433
样本数	12498	7144	5354	12498	7144	5354

注：括号内为省级层面聚类标准误；＊、＊＊、＊＊＊分别表示在10%、5%和1%水平上显著。

4.5.5　度量方式与不同趋势

被解释变量的度量方式是否对结论敏感，是本章要检验的另一对象。这里采用人均规费支出（企业规费支出与从业人数之比）进行度量，这一度量的好处能够剔除企业间规模因素的影响。表 4 - 10 第（1）列~第（3）列结果显示，reform 系数的显著性分别与表 4 - 4 和表 4 - 5 一致，说明结论不太可能因为企业间的规模差异而受到冲击。作为反事实检验，涉企收费目录清单制度是否对企业其他非税支出具有显著影响，即通过检验政策的外溢效应，为政策效果提供反事实证据。一方面，以企业社会保险支出的自然对数为研究对象，考察在降费力度高的条件下，涉企收费目录清单制度对社保支出的影响。第（4）列结果显示，与预期一致，涉企收费目录清单制度没有对社保支出产生显著影响。这是因为，涉企收费目录清单制度的目标是降低企业规费支出，而非减轻企业社保负担。另一方面，公关招待支出既包括企业与政府打交道花费的费用，也包括企业间正常合理的商业往来花费的费用。理论上，涉企收费目录清单制度不太可能显著影响企业的公关招待费用。以企业公关招待费支出的自然对数为对象，第（5）列结果验证了这一猜想。反事实结果印证了基准回归结果的稳健性。

近年来国家在不同时期针对特定行业的产业政策，例如中国制造2025、"营改增"等，都可能造成行业间的非税负担差异，因此有必要纳入行业—年份固定效应，第（6）列结果显示，reform 系数显著为负，证实了结论的稳健性。即使在同一时期，不同地区的产业政策也可能存在较大不同，如果遗漏这些因素可能会造成有偏估计。第（7）列进一步纳入省份—行业固定效应，结论依然成立。

表4-10　　　　　　　稳健性检验：度量方式与不同趋势

变量	人均规费			社保	公关招待	行业—年份	省份—行业
	（1）	（2）	（3）	（4）	（5）	（6）	（7）
reform	-0.054 (0.145)	-0.340 *** (0.109)	0.321 *** (0.056)	-0.052 (0.108)	-0.084 (0.059)	-0.310 *** (0.101)	-0.269 ** (0.115)
控制变量	Yes	Yes	Yes	Yes	Yes	Yes	Yes
年份效应	Yes	Yes	Yes	Yes	Yes	Yes	Yes
城市效应	Yes	Yes	Yes	Yes	Yes	Yes	Yes
行业效应	Yes	Yes	Yes	Yes	Yes	Yes	Yes
R^2	0.220	0.225	0.224	0.663	0.446	0.508	0.541
样本数	12498	7144	5354	5596	8202	7144	7144

注：括号内为省级层面聚类标准误；*、**、*** 分别表示在10%、5%和1%水平上显著。

4.5.6　聚类误差和数据敏感性检验

由于省份的数目较少，在省级层面聚类标准误，可能存在标准误低估问题。因此这里在行业、城市、省份—行业和城市—行业层面分别进行聚类标准误检验。表 4 – 11 第 （1） 列 ~ 第 （4） 列结果显示，在降费力度较大的地区，依然能够观测到涉企收费政策的积极影响。此外，在基准模型回归中，对数据进行了删减处理，为了降低数据处理对结论的敏感性，这里放松数据处理环节，考察基准结论是否成立。第（5）列排除了合并行业的企业样本，第（6）列包含了缩减的样本发现结论依然稳健成立。

表 4 – 11　　　　　稳健性检验：聚类误差和数据敏感性检验

变量	（1）	（2）	（3）	（4）	（5）	（6）
reform	− 0. 323 *** (0. 085)	− 0. 323 *** (0. 116)	− 0. 323 *** (0. 104)	− 0. 323 *** (0. 101)	− 0. 342 *** (0. 114)	− 0. 277 ** (0. 111)
聚类标准误	行业	城市	省份—行业	城市—行业	省份	省份
控制变量	Yes	Yes	Yes	Yes	Yes	Yes
年份效应	Yes	Yes	Yes	Yes	Yes	Yes
城市效应	Yes	Yes	Yes	Yes	Yes	Yes
行业效应	Yes	Yes	Yes	Yes	Yes	Yes
R^2	0. 500	0. 500	0. 500	0. 500	0. 499	0. 507
样本数	7144	7144	7144	7144	6866	7417

注：括号内为省级层面聚类标准误；＊、＊＊、＊＊＊分别表示在10%、5%和1%水平上显著。

4.6 ▶ 进一步讨论

本书的研究对象是私营企业，无法考察不同所有制企业的效应差异。根据既有数据特点，尝试分析了政治关联企业和非政治关联企业的降费效果。一般来说，国有企业具有明显的政治关联属性，具有政治关联的私营企业的降费效果可能会适用于国有企业情形。基于此，本书以企业主是否为人大代表、政协委员区分政治关联企业和非政治关联企业。表4－12结果显示，从总体上来看，政治关联企业的 reform 系数在 10% 水平上显著为负，表明涉企收费政策实施后，政治关联企业的非税负担有所下降，而非政治关联企业的非税负担没有显著变化。进一步地，依据地区涉企收费科目数量均值对降费力度进行分组，发现在降费力度高的地区（high），政治关联企业的非税负担显著下降；在降费力度低的地区（low），政治关联企业也会受到地方政府非税征管的"保护"，非税负担没有显著增加。而非政治关联不论在降费力度高还是低的地区，都处于相对弱势的地位。从这个角度来看，国有企业可能更容易获得涉企收费制度政策效果。

表 4－12　　　　　　　　　　政治关联与降费政策效果

变量	all		high		low	
	政治关联	非政治关联	政治关联	非政治关联	政治关联	非政治关联
	（1）	（2）	（3）	（4）	（5）	（6）
reform	－0.224* (0.118)	0.044 (0.191)	－0.449*** (0.090)	－0.246 (0.154)	0.064 (0.146)	0.443*** (0.107)
控制变量	Yes	Yes	Yes	Yes	Yes	Yes
年份效应	Yes	Yes	Yes	Yes	Yes	Yes
城市效应	Yes	Yes	Yes	Yes	Yes	Yes
行业效应	Yes	Yes	Yes	Yes	Yes	Yes
R^2	0.418	0.470	0.460	0.493	0.370	0.439
样本数	5314	7184	3003	4141	2311	3043

注：括号内为省级层面聚类标准误；*、**、*** 分别表示在 10%、5% 和 1% 水平上显著。

在非税收入制度设计上，不仅有中央部门收入，还有地方收入，在既定的收费科目中，地方收入和中央收入存在着"此消彼长"的关系，地方收入占比高，中央收入占比就会相对低。因此，通过这一特征，本书希望观测到地方政府降费意愿（或降费力度）如何影响涉企收费目录清单

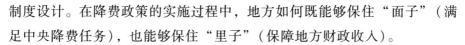

制度设计。在降费政策的实施过程中，地方如何既能够保住"面子"（满足中央降费任务），也能够保住"里子"（保障地方财政收入）。

根据涉企收费目录清单制度中公布的管理方式和征收机关等信息，确定不同收费科目的收费归属，考察涉企收费目录清单制度对企业规费支出的影响。整理发现，共有 21 个地区（省、直辖市、自治区）能够明晰收费收入归属，10 个地区未披露收费归属（包括河北省、山东省、湖北省、广西壮族自治区、海南省、重庆市、四川省、云南省、西藏自治区、陕西省）。对此，以披露收入归属信息的地区为对象，分别测度不同地区的地方国库收费科目占比和中央国库收费科目占比情况。其中，"地方国库收费科目数量占比 =（该地区纳入地方国库的行政事业性收费科目 + 该地区纳入地方国库的政府性基金收费科目）/（该地区行政事业性收费科目 + 该地区政府性基金收费科目）"，同理，可测度中央国库收费科目占比情况。

首先，以地方国库收费科目数量占比均值进行分组，表 4 - 13 第（1）列 ~ 第（2）列结果显示，地方国库涉企收费科目数量比例较高的地区，涉企收费政策能够显著降低企业非税负担，而在地方国库涉企收费科目数量比例较低的地区，未发现涉企收费政策的显著影响。意味着在地区收费科目数量相同的情形下，地方国库收费项目比重越高，辖区内的企业非税负担越低。可能是因为，在减税降费的政策环境下，既要落实降费任务，又要兼顾减税对地方财政收入的冲击，如何配置非税科目收入归属，成为影响企业非税负担的关键因素。其次，以中央国库收费科目数量占比均值进行分组，最后两列结果显示，中央国库涉企收费科目数量占比对涉企收费政策效果没有显著影响。说明降费政策有效性来自地方政府降费意愿，只有归属于地方政府的收费科目数量较高，才能体现较强的地方降费意愿。这种情形下，既能满足降费要求，又能保障财政收入，从而有利于切实降低企业负担目标。

表 4 – 13　　　　　　　　　　收费归属与降费政策效果

变量	地方国库		中央国库	
	high	low	high	low
	（1）	（2）	（3）	（4）
reform	– 0. 229 ** （0. 098）	0. 201 （0. 170）	0. 014 （0. 154）	– 0. 193 （0. 131）
控制变量	Yes	Yes	Yes	Yes
年份效应	Yes	Yes	Yes	Yes
城市效应	Yes	Yes	Yes	Yes
行业效应	Yes	Yes	Yes	Yes
R^2	0. 455	0. 507	0. 479	0. 461
样本数	8094	4404	8464	4034

注：括号内为省级层面聚类标准误；＊、＊＊、＊＊＊分别表示在10%、5%和1%水平上显著。

4.7 ▶ 小结

　　减税与降费是供给侧结构性改革的重要举措，也是"降成本"政策的重要体现。以"营改增"为核心的减税政策受到了国内外学者的广泛关注，然而，关于降费政策的实施效果、潜在问题及改革思路的讨论非常有限，更缺乏严谨的微观证据支撑。本章基于涉企收费目录清单制度的政策设计，结合私营企业调查数据，尝试评估了降费政策的有效性。研究发现，由于降费政策进一步弱化了地方财权，地方降费积极性面临现实约束，而且在样本期内，涉企收费目录清单制度主要在中央和省级政府层面展开，这些因素导致降费政策未能显著降低企业非税负担。但是在降费力度大的地区，呈现明显的降费效果。本章研究还发现，政治关联企业更容易获得降费政策红利。在地方国库收费科目数量比重较高的地区，涉企收费政策显著降低了企业非税负担。

　　本章的研究还存在一定的不足，限于微观企业非税负担数据的可得性，未能进一步地揭示 2016 年以来的涉企收费制度改革的实施效果，但是本章的结论间接肯定了当前深入推进省级以下涉企收费目录清单制度在加强降费力度和减轻企业负担方面具有积极意义。

第5章

地方财政压力对企业污染治理支出的
影响：基于"营改增"的证据

5.1 ▶ 引言

改革开放以来，中国经历了经济的快速增长（Chow & Li，2002；
Wu，2004；Cheng，2019；Banerjee et al.，2020），但与此同时环境质量
不断下降（Wu et al.，2014）。大量文献从地方官员角度解释了这一现象
的形成原因，发现地方官员为了提高政治晋升机会，往往会选择经济增长
而不是环境保护（Li & Zhou，2005；Qi & Zhang，2014；Cai et al.，
2016）。近期研究开始从财政压力角度分析地方政府行为对环境质量的影响
（Bai et al.，2019；卢洪友等，2019），但是尚未进一步探讨对企业环境治理
行为的影响。基于此，本书试图从财政压力角度填补这一研究空白。

1994 年，分税制改革建立了我国现代税制体系框架，确立了在服务
业实施营业税制度，在制造业实施增值税制度，前者由地方税务局负责征
收，归属于地方政府收入，后者由国家税务局负责征收，归属于中央和地
方共享收入。自此之后，延续了分税制改革思路，我国进行了两次影响广
泛的税收分成改革。一次是 2002～2003 年前后，为了支持西部大开发建

设，提高中央转移支付统筹能力，实施了所得税收入分享改革，所得税由地方税调整为共享税，地方政府分享 40% 的增量收入。另一次发生在2012 年以来，为了促进产业升级，消除税制壁垒，深化产业分工，开展了营业税改征增值税试点（以下简称"营改增"），地方政府税收收入进一步受到挑战。研究表明，不论是所得税分享改革还是"营改增"，都显著增加了地方财政压力，对地方政府行为、经济增长、企业行为及绩效产生了深远影响（Chen，2017；López-Hernández et al.，2018；Bai et al.，2019；Xiao，2020）。

　　在我国税收结构中，企业是最重要的纳税主体，贡献了九成以上的税收收入。"营改增"之前，营业税是地方第一大税种，收入 100% 归属于地方政府，"营改增"之后，只有 25% 的增值税收入归属于地方政府。由于地区间产业结构不同，所以各地区税收损失程度就会存在很大差异。基于此，本章以"营改增"试点中的税收分成调整作为财政压力冲击的"准自然试验"，以不同地区、不同年份税收收入损失程度作为处理变量，采用连续型双重差分模型考察地方财政压力对企业污染治理支出的影响。结果显示，地方财政压力对企业污染治理支出有显著的负面效应，相当于在改革前的平均水平上下降了 29.31%。从企业维度来看，拥有政治身份和行业身份以及较为年轻、较高学历的企业主，其企业受到的负面冲击相对较小。从地区维度来看，由于东部地区环境规制较为严格，所以负面效应小于中西部地区。此外，在财政压力较大、环境规制较为宽松以及污染减排成本较低的地区，地方财政压力对企业污染治理支出具有较大的不利影响。

　　在财政压力背景下，地方政府有动机作出策略性反应，以弥补税收收入损失。税收征管和环境规制分别作为地方政府经济治理和环境治理的重要策略，既有研究已经探讨了二者对地方财政收入的重要贡献（Qi & Zhang，2014；Chen，2017；Hao et al.，2018；Xiao，2020）。对此，本章进一步考察地方政府策略性反应对企业污染治理行为的影响，为这一领域研究提供了新的经验证据。结果发现，加强税收征管有助于提高征收率，放松环境规制有助于激励主营业务投资，扩大税基。在两者效应的共同作用下，显著挤出了企业污染治理支出。

本章的另一重要贡献是丰富了财政压力的经济效应研究。与本章研究较为接近的研究是陈（Chen，2017）一文，认为取消农业税增加了地方财政压力，抬高了税收征管强度。肖（Xiao，2020）基于所得税分享改革发现，地方政府为了应对财政收入冲击，提高了营业税征管强度，尤其是对非国有和内资企业加强税收征管。刘（Liu，2018）发现，所得税分享改革显著减少了地方所得税收入，地方政府通过增加非税收入补充税收损失。白等（Bai et al.，2019）以区域税收竞争为对象，揭示了财政压力对环境质量的影响，发现地方政府通过降低环境质量标准，吸引外资进入以扩大税基。事实上，放松环境规制策略在转型时期的地方政府中广泛存在（Qi & Zhang，2014；Hao et al.，2018）。与既有研究普遍关注财政压力对地方政府行为的影响不同（Chen，2017；Xiao，2020），本书进一步考察了财政压力对企业环境治理行为的影响，为此提供了一个更为全面的分析框架。

此外，本章还拓展了"营改增"的政策效应研究。既有研究普遍关注的是增值税改革的宏微观效应（Fang et al.，2017；Zhang et al.，2018；Zou et al.，2019）。研究表明，"营改增"减轻了企业税收负担（龚强等，2016；李艳艳等，2020；毛捷等，2020），提高了企业生产效率（李永友和严岑，2018；Hoseini & Briand，2020；Peng et al.，2021a）。本章的研究拓展了"营改增"对企业行为的影响，发现对企业环境治理支出具有显著的负面效应。

最后，本章还对污染治理相关文献提供了全新的研究视角。既有研究普遍关注企业污染治理支出与生产率或创新之间的关系（Shadbegian & Gray，2005；Huiban et al.，2015；Cao et al.，2016；Dang et al.，2019）。相关研究从污染减排成本角度评估了污染治理效果（Stoerk，2019），指出了环境规制对污染治理支出的显著影响（Lee & Alm，2004；Wang，2002；He et al.，2020）。还有研究从融资约束角度发现对企业废气排放治理努力的抑制作用（Zhang et al.，2019）。与这些研究视角不同，本章从财政压力角度探讨了对企业污染治理支出的影响。

5.2　制度背景

　　为了消除产业间的税制壁垒，深化产业间分工，推动产业升级，自2012 年起，我国在服务业开展了"营改增"试点，并在 2016 年完成试点工作，结束了我国 1994 年以来建立的两税并存局面，即分别在服务业实行营业税制度，在制造业实行增值税制度。由于营业税的税基是营业收入，增值税的税基是增加值收入，所以"营改增"之后，有助于消除产业间分工与贸易过程中的重复征税问题。

　　2012 年 1 月 1 日，上海市选择"1 + 6"行业（"1"是指交通运输中的陆路、水路、航空和管道运输，"6"是指研发和技术服务、信息技术服务、文化创业服务、物流辅助服务、有形动产租赁和鉴证咨询服务）进行"营改增"试点[①]。同年 9 ~ 12 月，"1 + 6"行业在其他八省市扩大试点（上海市、北京市、江苏省、安徽省、福建省、广东省、天津市、浙江省和湖北省）。2013 年，"1 + 6"行业在其他地区扩大试点。2014 年，铁路运输、电信业和邮政业纳入试点范围。2016 年 5 月，建筑业、房地产业、金融业、生活服务业纳入"营改增"试点。逐步扩大试点范围的政策特征为本章采用强度双重差分模型奠定了识别基础。

　　"营改增"对地方财政收入的预期影响，如图 5 - 1 所示。分税制改革规定了地方政府保留所有营业税收入和 25% 的增值税收入，中央政府分享

---

　　① 　选择现代服务业和交通运输业进行"营改增"试点，主要有两方面的原因：（1）这些行业的主营业务与制造业有更多的贸易联系，统一增值税税制，对于促进服务业发展更为迫切。（2）"营改增"选择的试点行业，在其他地区较少有子公司，这一税制优化不太可能会造成子公司之间的税负不平等。

75%的增值税收入。因此，营业税改征增值税必然因税收分成比例调整对地方政府造成财政压力（Bai et al., 2019；卢洪友等, 2019；Peng et al., 2021b）。图5-1为此提供了事实证据。本书研究发现，自2012年以来，财政收入和税收收入增长率均呈明显下降趋势，证实了这一改革对地方政府财政收入产生明显冲击。

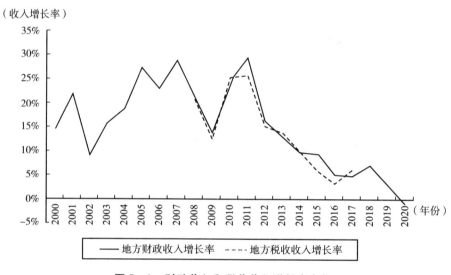

图5-1 财政收入和税收收入增长率变化

数据来源：国家统计局网站。

分税制改革根据税种归属和税种征管主体，划分为地方税、中央税和共享税。地方税由地税局征管，由地方政府管理，中央税和共享税由国税局征管，由国税总局垂直管理。2018年，随着"营改增"试点完成，地税局已无主体税种，不同层级政府的两套税务征收机构随之合并为税务局。在税收征管机构合并之前，由地税局负责征收的税种存在较大的征管弹性，使得有效税率远低于法定税率（Chen, 2017）。面对财政压力冲击，地方政府可能会对地税局负责征收的税种加强税收执法和税收征管，如营业税、企业所得税、资源税、城镇土地使用税等。虽然增值税由国税局征收，但是其税收征管仍然可能会受到地方政府的干预，地方（省、市、县）国税局的办公用地、子女教育、医疗卫生等都与地方政府密切相关，因此，在财政压力背景下，地方政府可能会通过各种途径提高税收征管强度（Chen，2017；Xiao，2020）。

5.3　▶ 实证设计

5.3.1　数据来源与处理

本章企业层面数据来源于中国私营企业调查。该数据涵盖了全国不同地区、不同行业的私营企业生产经营信息，不包括国有企业、集体企业和外资企业。该调查由统战部、中华全国工商业联合会等单位联合成立的私营企业研究课题组每两年进行一次调查。本章研究样本由 2006 年、2008 年、2010 年、2012 年、2014 年和 2016 年共 6 次调查组成，包含了 2005 年、2007 年、2009 年、2011 年、2013 年和 2015 年私营企业生产经营信息，分别调查了 2837 家、3138 家、3999 家、4497 家、4937 家和 6534 家企业样本。由于该调查采用非跟踪调查方式，所以本章数据为混合截面数据。

为了实证结果的稳健性，本章剔除了以下观测数据：（1）位于直辖市和县级市的企业，因为这类城市在财政收入来源、规模及管理等方面都与一般地级市有很大区别；（2）主营业务行业信息缺失的企业；（3）研究变量样本信息缺失或无法核实企业所属地区的样本。最后，对企业污染治理支出变量 99 分位以上数据进行缩减，以消除异常值带来的估计偏差①。经过以上处理后，得到有效样本数为 15268 个。

---

① 本章还采用了缩尾处理做法，发现结论没有改变。

5.3.2　模型构建与变量选取

1. 被解释变量。

人均企业污染治理支出是本章关注的被解释变量，反映了企业在保护环境方面的支出情况，在环境经济学研究中被广泛分析（Lee & Alm，2004；Shadbegian & Gray，2005；Fowlie，2010；Dang et al.，2019）。根据相关研究的一般做法，使用调查问卷中关于企业污染治理方面的回答，"企业本年度的污染治理支出有多少"，为了降低异方差的影响，本章以污染治理支出与员工人数之比衡量企业污染治理支出能力[①]。

2. 识别策略和解释变量。

利用"营改增"在不同地区的实施时间差异，采用强度 DID 模型考察了地方财政压力对企业污染治理支出的影响。与标准的 DID 模型不同，本章研究采用了连续型强度变量作为处理变量，即使用企业所在城市试点行业产值的自然对数表示。在"营改增"试点之前，试点行业（包括交通运输服务、科学研究和技术服务、软件和信息技术服务、文化服务、租赁服务、邮政业和电信业）均缴纳营业税，而营业税收入100%归属于地方政府。"营改增"之后，只有25%的增值税收入归属于地方政府。因此，在"营改增"之前，城市试点行业产值越高，获得的营业税收入越多，在"营改增"之后，地方政府税收收入损失就会越多。既有研究广泛讨论了税收分成改革对地方财政压力的影响，例如取消农业税改革（Chen，2017；毛捷和曹婧，2021）、所得税收入分享改革（Liu，2018；徐超等，2020）、"营改增"（Bai et al.，2019；卢洪友等，2019；彭飞等，2020；Peng et al.，2021b）。

Reform$_{ct}$ 是一个二元虚拟变量，表示城市 c 在第 t 年是否被纳入试点范

---

① 对于污染治理支出，有一些样本为 0 的样本，采用 OLS 回归可能会导致样本选择偏误。对此，在表 5-11 中进行了稳健性检验，发现结论非常稳健。

围。根据试点进程，对于 2012 年不同月份纳入试点范围的地区（上海市、北京市、江苏省、安徽省、福建省、广东省、天津市、浙江省和湖北省，以下简称"1 + 8 地区"），该地区企业在 2012 年之前取值为 0，在 2012 年之后取值为 1；对于 2013 年 8 月纳入试点的地区（以下简称"其他地区"），定义该地区企业在 2013 年之后取值为 1，否则为 0[①]。因此，Reform 变量捕捉了"1 + 8"地区和其他地区在改革前后的企业污染治理支出差异。

基准模型构建如下：

$$Investment_{it} = \beta_0 + \beta_1 Reform_{ct} + \beta_2 Output_{ct} + \gamma X_{it} + \eta_c + \delta_{jt} + \xi_{pt} + \varepsilon_{it} \quad (5-1)$$

$$Reform_{ct} = Output_{ct} \times Pilot_{pt} \quad (5-2)$$

其中，j 为行业，c 为城市，p 为地区，t 为年份，i 为企业。$Output_{ct}$ 是一个连续变量，衡量城市 c 试点行业在 t 年产值的自然对数[②]。值得注意的是，$Pilot_{pt}$ 变量在模型（5-1）中会被省份—年份固定效应吸收，故模型（5-1）中不需纳入改变量（即不会影响回归结果）。β_1 是关注的解释变量（地方财政压力）参数，反映了财政收入损失对企业污染治理支出的边际效应。X_{it} 是影响企业污染治理支出的其他控制变量。η_c 和 ξ_{pt} 分别代表城市固定效应和省份—年份固定效应，前者能够控制城市间的经济特征差异，后者能够控制不同地区的时间趋势差异。δ_{jt} 表示行业—年份固定效应，能够控制不同行业的时间趋势差异。ε_{it} 是误差项。

3. 其他控制变量。

借鉴已有研究的一般做法，这里纳入了影响企业污染治理支出的企业

---

① 除上海市外，所有试点地区的实施日期都集中在下半年，如果一个地区的政策实施月份较晚，改革当年不太可能充分体现政策效应。

② 行业产出数据来自《全国经济普查年鉴》（2008 年），这是与本章研究"营改增"试点政策最为接近的调查年份。《全国经济普查年鉴》分别调查了 2004 年、2008 年、2013 年和 2018 年全国经济情况。由于"营改增"试点行业在 2014 年之前是一致的，即为"1 + 6"行业，而自 2014 年起，增加了试点行业，分别为铁路运输服务、邮政业和电信业，所以自 2015 年起，试点行业产值数据就会因为行业对象增加而增加。因此，$Output_{ct}$ 变量在城市和时间维度上都会有变化，它不会被城市固定效应吸收。

特征和企业主特征因素（Wang，2002；Lee & Alm，2004）。企业特征因素包括：（1）企业年龄，等于调查年份减去注册年份加1；（2）企业规模，采用员工人数的自然对数表示；（3）净利润，采用净利润的自然对数表示；（4）研发，反映企业是否有研发投入；（5）监事会，以企业是否设立了监事会，反映企业治理结构是否健全，能否对其生产经营行为发挥监督约束作用。企业主特征因素包括：（1）政治身份，以企业主是否具有人大代表或政协委员身份衡量；（2）行业身份，以企业主是否具有工商联会员身份衡量；（3）党员身份，以企业主是否为中共党员身份衡量。

4. 描述性统计。

表5-1报告了变量的描述性统计。不仅列示了重要变量的总体均值情况，而且列示了试点地区（"1+8"地区）和非试点地区（其他地区）的相关变量均值情况。从污染治理支出来看，企业人均污染治理支出为720元。在"营改增"之前，"1+8"地区的企业人均污染治理支出低于其他地区，在"营改增"之后，这一差异发生了逆转。可能是因为，在"营改增"之后，其他地区的企业对所属地区的财政压力反应更为敏感，表5-3对此进行了进一步的讨论。从企业特征来看，样本企业总体平均年龄为9年，平均员工人数为43人，平均净利润为49万元，29%的样本企业有研发投入，27%的样本企业设立了监事会。从企业主特征来看，接近60%的企业主拥有工商联会员身份，39%的企业主具有人大代表或政协委员身份，37%的企业主具有中共党员身份。

表5-1   均值检验

变量	总体	改革前		改革后	
		"1+8"地区	其他地区	"1+8"地区	其他地区
人均污染治理支出	0.072	0.056	0.065	0.100	0.074
企业年龄	9.244	9.133	8.685	11.676	9.202
企业规模	3.757	4.123	3.804	3.942	3.028
净利润	3.892	4.093	3.752	4.269	3.415

续表

变量	总体	改革前		改革后	
		"1+8"地区	其他地区	"1+8"地区	其他地区
研发	0.290	0.425	0.292	0.277	0.161
监事会	0.266	0.304	0.275	0.246	0.199
政治身份	0.386	0.444	0.454	0.332	0.248
行业身份	0.599	0.689	0.613	0.623	0.431
党员身份	0.367	0.445	0.399	0.312	0.260

注：货币价值单位为万元人民币。

5.4　实证结果

5.4.1　基准回归结果

根据模型（5-1），以"营改增"试点作为识别地方财政压力的准自然试验，表5-2报告了地方财政压力对企业污染治理支出的影响。为了降低标准误低估带来的显著性高估风险，本章回归过程对标准误聚类在省份层面。

第（1）列纳入了省份—年份固定效应，控制了地区之间未被观测的时间趋势差异。结果显示，财政压力对企业污染治理支出有明显的负面影响。第（2）列进一步纳入了城市固定效应，以控制不同城市环境污染治理行为的影响。在此基础上，第（3）列纳入了行业—年份固定效应，以控制不同行业未被观测的时间趋势差异，例如实施重污染行业污染治理政策等。结果显示，Reform 系数绝对值有所下降，但仍然在 1% 水平上显著为负。

第（4）列进一步纳入了企业层面的影响因素，包括企业年龄、企业规模、净利润、研发和监事会变量。结果发现，Reform 变量依然显著为负。从控制变量结果来看，企业年龄对污染治理支出没有显著影响，企业规模对污染治理支出有显著的负效应。净利润和监事会系数显著为正，表明盈利能力越强和公司治理结构越完善的企业，污染治理支出越高。研发变量显著为正，表明有研发投资的企业比没有研发投资的企业在污染治理方面的支出更多。研究表明，加强污染治理有助于促进技术升级和生产率进步。

第（5）列纳入了企业主层面的影响因素，包括政治身份、行业身份和党员身份。结果显示，具有行业身份的企业主，越重视企业声誉，污染治理支出越高。还可能是因为，工商联会员身份对企业环境污染行为有一定规制要求，从而有助于约束企业污染治理行为。政治身份和党员身份两个变量虽然涉及到政治属性，但是与环境规制的关联性不够明显。从关心的 Reform 变量来看，回归系数在 1% 水平上显著为负，意味着财政压力显著弱化了企业污染治理支出。进一步发现，城市试点行业产值每增加 1%，企业污染治理支出则会下降 1.7%。换句话说，相对于试点前的平均污染治理支出水平，试点后的企业污染治理支出平均下降了 29.31%[①]。

表 5 – 2　　　　　地方财政压力对企业污染治理支出的影响：基准结果

变量	（1）	（2）	（3）	（4）	（5）
Reform	– 0.018 *** （0.004）	– 0.018 *** （0.003）	– 0.016 *** （0.003）	– 0.015 *** （0.005）	– 0.017 *** （0.005）
Output	– 0.004 （0.003）	0.010 （0.037）	– 0.002 （0.039）	– 0.002 （0.025）	– 0.013 （0.027）
企业年龄				– 0.000 （0.000）	– 0.000 （0.001）

_____

① 0.2931 = 0.017/0.058，其中分子是回归系数，分母是样本中试点前的平均污染治理支出。

续表

变量	（1）	（2）	（3）	（4）	（5）
企业规模				-0.003 * (0.002)	-0.004 ** (0.002)
净利润				0.014 *** (0.002)	0.014 *** (0.002)
研发				0.015 *** (0.005)	0.014 *** (0.005)
监事会				0.024 *** (0.007)	0.024 *** (0.007)
政治身份					0.001 (0.008)
行业身份					0.015 ** (0.006)
党员身份					0.006 (0.004)
常数项	0.067 *** (0.012)	0.021 (0.119)	0.061 (0.126)	-0.031 (0.082)	0.023 (0.088)
省份—年份固定效应	Yes	Yes	Yes	Yes	Yes
城市固定效应	No	Yes	Yes	Yes	Yes
行业—年份固定效应	No	No	Yes	Yes	Yes
调整 R^2	0.030	0.053	0.084	0.100	0.102
样本数	18637	18637	18637	15635	15268

注：括号内为省级层面聚类标准误；* 、** 、*** 分别表示在10% 、5%和1%水平上显著。

5.4.2 异质性分析

本节将考察实证结果的异质性效应。首先，考察地方财政压力对不同地区、行业和企业主特征的企业污染治理支出的影响。在表 5 - 3 的 Panel A 中，根据企业所属地区，划分为东中西部三组。Reform 变量结果显示，东部地区的负面效应最小，其次是中部地区，西部地区的负面效应最大。

可能是因为，发达地区的地方政府在环境保护方面的监管更加严格，例如，2013年9月开始实施大气污染防治计划，主要集中在东部地区，要求 PM_{10} 浓度下降15%～25%。

根据企业所属行业进行分组。Panel B 结果显示，在农业、采矿业和制造业部门中，地方财政压力对其私营企业的影响显著为负，其中采矿业企业的影响最高。在公用事业、建筑业、交通运输业和其他服务业部门中，没有发现地方财政压力对企业污染治理支出的显著负面影响。这一结论表明，与清洁行业相比，这一负面效应对污染行业的影响更大。

根据企业主特征进行分组。Panel C 考察了不同行业关联和政治关联企业、不同年龄企业主以及不同受教育程度企业的污染治理支出效应。第（1）列和第（2）列分别检验了企业主是否拥有行业关联和政治关联对企业污染治理支出的影响。结果发现，两种类型企业污染治理支出都会受到地方财政压力的负面效应，但是具有行业关联和政治关联的企业，这一负面效应相对较小。第（3）列和第（4）列使用企业主年龄中位数进行分组检验，发现年长型企业主对地方财政压力的反应非常敏感，显著降低了企业污染治理支出，而年轻型企业主没有因为地方政府行为的变化而弱化企业污染治理支出。第（5）列和第（6）列根据企业主的受教育程度进行分组检验，发现高学历的企业主，地方财政压力对其企业污染治理支出的负面影响相对较小，而对低学历企业主所在企业的污染治理支出的不利效应较为明显。

表5-3　　　　　　　　异质性分析：地区、行业和企业主特征

Panel A：地区	（1）	（2）	（3）
	东部地区	中部地区	西部地区
Reform	-0.013 ** (0.005)	-0.024 *** (0.003)	-0.028 ** (0.012)
Output	-0.020 (0.051)	0.038 (0.048)	-0.043 (0.042)

续表

Panel A：地区	（1）	（2）	（3）
	东部地区	中部地区	西部地区
控制变量	Yes	Yes	Yes
城市固定效应	Yes	Yes	Yes
省份—年份固定效应	Yes	Yes	Yes
行业—年份固定效应	Yes	Yes	Yes
调整 R^2	0.104	0.126	0.066
样本数	8798	3603	2867

Panel B：行业	（1）	（2）	（3）	（4）	（5）	（6）	（7）
	农业	采矿业	制造业	公用事业	建筑业	运输业	其他服务业①
Reform	-0.098** (0.037)	-1.098*** (0.212)	-0.014* (0.007)	0.089 (0.176)	0.004 (0.014)	-0.033 (0.062)	-0.013 (0.010)
Output	-0.009 (0.154)	-3.496** (1.305)	-0.021 (0.088)	0.418 (2.411)	-0.106 (0.096)	-0.436 (0.500)	-0.022 (0.033)
控制变量	Yes	Yes	Yes	Yes	Yes	Yes	Yes
城市固定效应	Yes	Yes	Yes	Yes	Yes	Yes	Yes
省份—年份固定效应	Yes	Yes	Yes	Yes	Yes	Yes	Yes
行业—年份固定效应	Yes	Yes	Yes	Yes	Yes	Yes	Yes
调整 R^2	0.073	0.188	0.105	0.307	0.132	-0.330	0.058
样本数	1259	311	6289	197	927	359	5926

Panel C：企业主特征	（1）	（2）	（3）	（4）	（5）	（6）
	行业关联和政治关联=0	行业关联和政治关联=1	年龄≥46	年龄<46	大专及以上	大专以下
Reform	-0.020** (0.008)	-0.018* (0.010)	-0.019*** (0.006)	-0.010 (0.008)	-0.013* (0.007)	-0.022*** (0.005)
Output	-0.121* (0.060)	0.011 (0.087)	-0.020 (0.039)	-0.021 (0.039)	0.004 (0.040)	-0.041 (0.044)

① 其他服务包括信息服务、批发和零售业、住宿和餐饮业、金融、房地产、租赁和商业服务、科学研究和理工学院服务、公共设施、居民服务、教育、医疗保健、文化和体育。

续表

Panel C：企业主特征	(1) 行业关联和 政治关联 = 0	(2) 行业关联和 政治关联 = 1	(3) 年龄 ≥ 46	(4) 年龄 < 46	(5) 大专 及以上	(6) 大专以下
控制变量	Yes	Yes	Yes	Yes	Yes	Yes
城市固定效应	Yes	Yes	Yes	Yes	Yes	Yes
省份—年份固定效应	Yes	Yes	Yes	Yes	Yes	Yes
行业—年份固定效应	Yes	Yes	Yes	Yes	Yes	Yes
调整 R^2	0.100	0.083	0.100	0.113	0.098	0.129
样本数	5312	5411	7842	7426	9087	6181

注：括号内为省级层面聚类标准误；＊、＊＊、＊＊＊分别表示在10%、5%和1%水平上显著。

其次，根据财政压力冲击程度考察地方财政压力对企业污染治理支出的影响。按照斯托克（Stoerk，2019）的做法，根据反映财政压力冲击程度的 Output 变量对所有城市进行排序，其衡量的是城市试点行业产值的自然对数，可以近似估计"营改增"对地方财政收入的损失大小情况。表5－4报告了四分位数分组情形下的估计结果。结果显示，在最高分位数分组下，Reform 变量在10%水平上显著为负，在第三分位数分组下，Reform 变量在10.9%水平上显著为负，而在低分位数分组下，没有发现这一显著影响。意味着财政压力显著弱化了较高财政压力地区的企业污染治理支出，对财政压力较小地区的影响较不明显。进一步表明，地方政府受到的税收收入损失越大，越可能改变经济治理和环境治理行为，弱化企业污染治理支出。

表5－4 异质性分析：财政压力冲击差异

变量	第一分位数 (1)	第二分位数 (2)	第三分位数 (3)	第四分位数 (4)
Reform	0.006 (0.074)	0.083 (0.061)	－0.234 (0.140)	－0.041＊ (0.024)

续表

变量	第一分位数	第二分位数	第三分位数	第四分位数
	（1）	（2）	（3）	（4）
Output	−0.011 (0.082)	0.202 (0.166)	0.039 (0.154)	0.074 (0.192)
控制变量	Yes	Yes	Yes	Yes
城市固定效应	Yes	Yes	Yes	Yes
省份—年份固定效应	Yes	Yes	Yes	Yes
行业—年份固定效应	Yes	Yes	Yes	Yes
调整 R^2	0.087	0.138	0.123	0.081
样本数	3762	3823	3906	3777

注：括号内为省级层面聚类标准误；＊、＊＊、＊＊＊分别表示在10%、5%和1%水平上显著。

最后，从污染减排成本和环境规制角度考察异质性效应。"十一五"规划（2005年公布）制定了污染排放量降低10%的计划。为了实现这一目标，国务院提高了 SO_2 排放收费标准，并允许各地区自行选择实施时间，但不得晚于2015年。基于此，将样本划分为 SO_2 排放收费标准提高的地区和未提高的地区，分别反映企业污染减排成本上升和不变的情形。表5-5第（1）列和第（2）列结果显示，污染减排成本增加的地区，财政压力对企业污染治理支出的负向影响（0.015）小于污染减排成本不变地区的影响（即0.024）。结果表明，较低的污染减排成本可能会加重财政压力对企业污染治理支出的消极影响。

国务院在2013年9月发布了大气污染防治计划，要求到2017年，北京市、天津市、河北省、江苏省、上海市、浙江省和广东省的 PM_{10} 浓度下降15%～25%。基于这一环境规制政策，根据企业是否位于规制地区进行分组检验。一般而言，这些目标地区的环境规制强度要比其他地区更加严格，基于此，第（3）列和第（4）列考察了环境规制强度在异质性效应中发挥怎样的地位和作用。结果显示，地方财政压力对非 PM_{10} 试点地区企业污染治理支出具有显著负面效应，对 PM_{10} 试点地区没有显著影响。结果表明，环境规制可能是地方财政压力影响企业污染治理支出的一个重要机制，严格的环境规制有助于削弱地方财政压力对企业污染治理支出的负面冲击，而宽松的环境规制则可能会加重地方财政压力的不利影响。

表 5 – 5　　　　　　　异质性分析：污染减排成本和环境规制差异

变量	SO_2 收费提高	SO_2 收费不变	PM_{10} 试点地区	非 PM_{10} 试点地区
	（1）	（2）	（3）	（4）
Reform	– 0. 015 ** （0. 006）	– 0. 024 *** （0. 004）	– 0. 014 （0. 009）	– 0. 028 *** （0. 006）
Output	– 0. 029 （0. 049）	– 0. 005 （0. 028）	– 0. 012 （0. 054）	– 0. 032 （0. 032）
控制变量	Yes	Yes	Yes	Yes
城市固定效应	Yes	Yes	Yes	Yes
省份—年份固定效应	Yes	Yes	Yes	Yes
行业—年份固定效应	Yes	Yes	Yes	Yes
调整 R^2	0. 101	0. 106	0. 073	0. 112
样本数	9218	6050	4731	10537

注：括号内为省级层面聚类标准误；*、**、*** 分别表示在10%、5%和1%水平上显著。

5.5　▶▶　稳健性检验

5.5.1　平行趋势检验

DID 分析的重要前提是满足平行趋势假定，即在政策实施前，"1 + 8" 地区和其他地区企业污染治理支出的变化趋势一致。本节将从以下四种方法进行检验。

1. 年度均值变化趋势。

图 5-2 报告了初步的图形证据，展示了"1+8"地区和其他地区企业污染治理支出变化趋势（单位：千元）。结果显示，2011~2013 年，以实线表示的"1+8"地区企业污染治理支出增量明显下降。可能是因为，2012 之后，"1+8"地区财政压力显著增加。为了应对财政压力冲击，地方政府开始加大税收征管以及放松环境规制，导致企业污染治理支出相对下降，这也是本文机制发现的重要结论。因此，2011~2013 年"1+8"地区企业污染治理支出增速放缓。

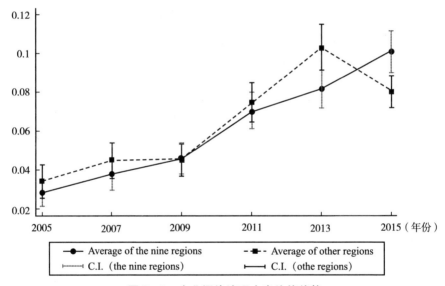

图 5-2　企业污染治理支出均值趋势

2015 年，"1+8"地区的企业污染治理支出呈增加趋势。由于本章研究要规避 2015 年之后环境政策加强对结论的影响，所以关注的是 2016 年之前财政压力对企业污染治理支出的短期效应。例如，2013 年 9 月，国务院发布了《关于印发大气污染防治行动计划的通知》，要求

到 2017 年，京津冀、长三角、珠三角等区域细颗粒物浓度下降 15% ~
25%①。这些地区多数位于"1 + 8"地区。由于中央政府对于发达地区
和不发达地区设定了不同的环境目标，对前者的环境规制更为严格，所
以这些政策有助于加强"1 + 8"地区的环境规制强度，从而增加了企业
污染治理支出。

最后，由于试点范围从 2015 年逐步扩大，导致其他地区企业的企业
污染治理支出开始下降。同样地，面对财政压力，地方政府加强税收征管
以及放松环境管制，使得企业减少了污染治理支出。如表 5 - 3 的 Part A
部分所示，中西部地区的影响更为显著。究其原因，欠发达地区（其他非
试点地区）的地方政府对财政收入减少的敏感程度相对更高。在权衡经济
发展与环境保护时，与发达地区（"1 + 8"试点地区）相比，欠发达地区
对环境污染的容忍度更高，所以在财政压力背景下，企业污染治理支出下
降更多（Wang et al. ，2015）。

2. 事件分析法。

借鉴刘和毛（Liu & Mao，2019）的做法，将"营改增"试点变量
区分为不同年度政策变量，考察改革前六年到改革后四年的政策效应
（以改革前两年为基准对照）。图 5 - 3 中，实线表示年度政策变量系数，
两条虚线共同构成回归系数置信区间。表 5 - 6 结果显示，与改革后两
年相比，改革后四年的政策效果有所减弱，这一发现与图 5 - 2 一致，
即 2015 年"1 + 8"地区与其他地区的企业污染治理支出差距缩小。
2015 年，中央发布了一系列旨在加强环境监管的政策，如环保督察制
度和《环境保护法》实施，一定程度上能够减轻企业污染治理支出下
降。与此同时，图 5 - 3 和表 5 - 6 结果还表明，在"营改增"试点之
前，"1 + 8"地区和其他地区企业污染治理支出没有显著差异，证实了
DID 模型满足平行趋势条件。

---

① http：//www. gov. cn/zwgk/2013 - 09/12/content_2486773. htm。

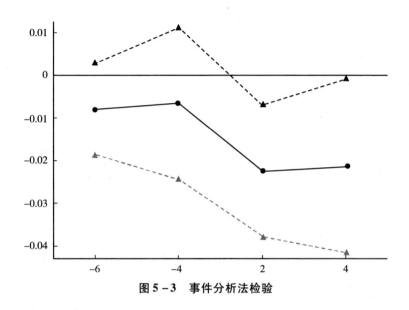

图 5 - 3　事件分析法检验

表 5 - 6　　　　　　　　　　　　事件分析法检验

变量	（1）	（2）
改革前六年		- 0. 008 （0. 005）
改革前四年		- 0. 007 （0. 009）
改革后两年	- 0. 018 *** （0. 005）	- 0. 023 *** （0. 007）
改革后四年	- 0. 017 * （0. 009）	- 0. 021 ** （0. 010）
Output	- 0. 012 （0. 031）	- 0. 006 （0. 033）
控制变量	Yes	Yes
城市固定效应	Yes	Yes
城市—年份固定效应	Yes	Yes

续表

变量	（1）	（2）
行业—年份固定效应	Yes	Yes
调整 R^2	0.102	0.102
样本数	15268	15268

注：括号内为省级层面聚类标准误；＊、＊＊、＊＊＊分别表示在10%、5%和1%水平上显著；"改革后两年"表明"1+8"地区在2013年取值为1，其他地区在2015年取值为1，以此类推，可以定义不同年份政策变量。

3. 条件平行趋势检验。

遵循安格瑞斯特和皮斯克（Angrist & Pischke，2014）的做法，控制城市—年份趋势，回归结果见表5-7第（1）列。在这种情况下，地方财政压力对企业污染治理支出的影响显著为负，意味着即使放松对平行趋势假设，控制不同城市的时间趋势差异，仍然能够表明财政压力对企业污染治理支出的负面效应。在第（2）列中，由于"营改增"试点在地区和行业层面分别试点，可能会影响企业污染治理行为，所以这里有必要控制省份—行业年份趋势，发现控制省份—行业的时间趋势差异后，基准结论仍然成立。

表5-7　　　　　　　　　条件平行趋势检验

变量	城市—年份趋势	省份—行业—年份趋势
	（1）	（2）
Reform	-0.023＊＊ （0.009）	-0.018＊＊＊ （0.005）
Output	0.018 （0.037）	-0.010 （0.029）
控制变量	Yes	Yes
城市—年份趋势	Yes	—
省份—行业—年份趋势	—	Yes
城市固定效应	Yes	Yes

续表

变量	城市—年份趋势	省份—行业—年份趋势
	（1）	（2）
省份—年份固定效应	Yes	Yes
行业—年份固定效应	Yes	Yes
调整 R^2	0.105	0.107
样本数	15268	15268

注：括号内为省级层面聚类标准误；＊、＊＊、＊＊＊分别表示在10%、5%和1%水平上显著。

4. 处理变量非线性趋势的影响。

DID 估计的一个潜在问题是，处理变量的时间趋势可能会混淆政策效果，换句话说，试点之前的处理变量时间趋势可能是试点企业在试点后污染治理支出减少的重要原因。因此，借鉴摩瑟和维也纳（Moser & Voena，2012）、李等（Li et al.，2016）的做法，进一步控制处理变量的时间趋势。尽管图 5-2 没有呈现这种差异，但本节有必要对此进行检验，即控制处理变量在试点前的线性时间趋势。并且还纳入了城市特征前定变量与年份哑变量的交互项，包括 GDP、GDP 增长率、营业税收入和总预算收入。这些指标反映了城市经济状况，并且与处理变量高度相关。数据来源于《中国区域经济统计年鉴》。回归结果见表 5-8 的第（1）列，发现 Reform 变量显著为负。

表 5-8　　　　　　　　　处理变量非线性趋势的影响

变量	（1）	（2）	（3）
Reform	-0.020 ＊＊＊ (0.006)	-0.016 ＊＊＊ (0.005)	-0.016 ＊＊＊ (0.005)
Output	-0.023 (0.037)	-0.020 (0.028)	-0.021 (0.028)
控制变量	Yes	Yes	Yes

续表

变量	（1）	（2）	（3）
城市固定效应	Yes	Yes	Yes
省份—年份固定效应	Yes	Yes	Yes
行业—年份固定效应	Yes	Yes	Yes
处理变量趋势	Yes	Yes	Yes
城市特征前定变量×年份哑变量	Yes		
控制变量×T		Yes	
控制变量×T^2		Yes	
控制变量×T^3		Yes	
控制变量×年份哑变量			Yes
调整 R^2	0.102	0.102	0.103
样本数	15268	15268	15268

注：括号内为省级层面聚类标准误；＊、＊＊、＊＊＊分别表示在10％、5％和1％水平上显著。

为了确保控制变量的不同波动趋势不会影响本书回归结果，第（2）列纳入了控制变量与时间趋势一次方、二次方以及三次方的交乘项，第（3）列纳入了控制变量与年份虚拟变量的交乘项。结果均表明基准回归结论是非常稳健的。

5.5.2 外生性检验

外生性检验对实证结果的稳健性至关重要，这里要检验的是随着"营改增"试点推进，企业的迁移概率大小。DID 模型要求企业不能预期到政策变化，并且不能改变企业决策。否则企业可能会在政策改革前迁移至偏好的地区，从而造成估计偏差。理想情形下，能够统计出有多少企业进行了迁移，然而问卷调查无法统计这一信息。基于此，本节将从以下两个角度进行检验。

一方面，在基准模型中纳入交互项"Output × Area × D2011"，用来表示在 2012 年之前企业迁移至财政压力较小的地区。其中 Area 是一个二元虚拟变量，表示该地区是否属于 2012 年试点地区（"1 + 8"地区取值为 1，其他地区取值为 0）。D2011 是一个二元虚拟变量，当年份是 2011 年时取值为 1，否则为 0。表 5 - 9 报告了企业层面的外生性冲击检验结果。结果显示，Output × Area × D2011 系数不显著，表明在试点之前（2011年），"1 + 8"地区与其他地区的企业污染治理支出没有显著差异。因此，即使存在财政压力预期反应，也不能改变基准结论的稳健性。

表 5 - 9　　　　　　　　　　　外生性检验：企业层面

变量	（1）
Reform	- 0. 017 *** （0. 005）
Output	- 0. 013 （0. 027）
Output × Area × D2011	0. 001 （0. 007）
控制变量	Yes
城市固定效应	Yes
省份—年份固定效应	Yes
行业—年份固定效应	Yes
调整 R^2	0. 102
样本数	15268

注：括号内为省级层面聚类标准误；*、**、*** 分别表示在 10%、5% 和 1% 水平上显著。

另一方面，DID 模型还要求试点对象选择具有随机性。换而言之，在改革之前，试点对象不能与财政压力相关。对此，本节以是否为"1 + 8"试点地区为被解释变量，然后控制一系列城市特征和年份固定效应，分别对不同财政压力变量进行回归。其中，城市特征包括政府支出（市级一般公共预算支出占 GDP 的比重）、科技支出（研发支出占 GDP 的比重）、国际贸易（进出口总额占 GDP 的比重）、固定资产投资（固定资产投资占 GDP 的比重）、第二产业占比（第二产业增加值占 GDP 的比重）和第三产业占比（第三产业增加值占 GDP 的比重）。财政压力1 定义为（市级一般公共预算支出 − 市级一般公共预算收入）/GDP，财政压力2 定义为（省级一般公共预算支出 − 省级一般公共预算收入）/省级一般公共预算收入。回归结果如表 5 − 10 所示，发现财政压力变量均不显著，意味着财政压力不是"营改增"试点对象选取的重要因素。换句话说，试点对象满足随机性要求。

表 5 − 10　　　　　　　　　　外生性检验：城市层面

变量	（1）	（2）
财政压力1	− 1.128 （2.147）	
财政压力2		− 0.021 （0.029）
政府支出	− 0.075 （2.107）	− 0.563 （0.799）
科研支出	12.247 *** （4.279）	13.169 ** （4.794）
国际贸易	0.337 *** （0.081）	0.329 *** （0.086）
固定资产投资	− 0.070 （0.186）	− 0.081 （0.199）
第二产业占比	− 0.011 * （0.006）	− 0.012 ** （0.006）
第三产业占比	− 0.006 （0.006）	− 0.007 （0.006）
年份固定效应	Yes	Yes
R^2	0.244	0.254
样本数	2266	2011

注：括号内为省级层面聚类标准误；* 、** 、*** 分别表示在10% 、5% 和1% 水平上显著。

5.5.3　安慰剂检验

实证设计中涵盖地区和行业时间趋势有助于解决遗漏变量问题。但是可能存在一些不可观测的因素随时间、行业和地区变化而变化。例如，不同地方政府可能实施不同的环境保护政策，就可能会影响企业污染治理支出，导致估计偏误。为了解决该问题，借鉴费拉拉等（Ferrara et al.，2012）以及刘和陆（Liu & Lu，2015）的做法，采用随机生成的"营改增"试点进程进行安慰剂检验。其逻辑是构建一个虚拟的政策变量替换真实的"Reform"，并随机重复 500 次。如果基准回归结果正确，那么 500 次模拟得到的虚拟估计系数与 0 并无差异。结果如图 5－4 所示，与预期一致，模拟的回归系数集中位于 0 附近，远偏离用垂直虚线表示的真实估计系数（－0.017）。说明未观测到的因素几乎不会对基准回归结果产生影响。

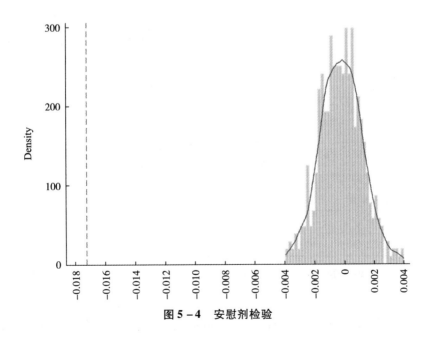

图 5－4　安慰剂检验

5.5.4　样本选择问题检验

由于被解释变量——企业污染治理支出存在一些为 0 的观测值，可能会存在样本选择问题，导致估计偏误。基于此，本节使用以下三种方法进行检验。

第一种方法，根据企业污染治理支出是否大于 0，构建企业污染治理决策变量，并将其作为被解释变量。表 5 - 11 第（1）列报告了 Probit 模型估计结果。发现 Reform 变量不显著，这表明财政压力并不影响企业污染治理决策。

表 5 - 11　　　　　　　　　样本选择偏误检验

变量	（1）	（2）	（3）
Reform	- 0.012 (0.016)	- 0.017 *** (0.005)	- 0.014 *** (0.004)
Output	- 0.016 0.050	- 0.013 (0.027)	- 0.044 (0.038)
Expenditure_dum_est		0.031 *** (0.008)	
控制变量	Yes	Yes	Yes
城市固定效应	Yes	Yes	Yes
省份—年份固定效应	Yes	Yes	Yes
行业—年份固定效应	Yes	Yes	Yes
Pseudo R^2	0.250		
调整 R^2		0.102	0.082
样本数	15121	15138	9076

注：括号内为省级层面聚类标准误；*、**、*** 分别表示在 10%、5% 和 1% 水平上显著。

第二种方法包括两步，首先采用 Probit 模型考察企业污染治理决策的影响因素，包括企业特征、城市固定效应、行业—年份固定效应、地区—年份固定效应，然后将第一步估计的被解释变量预测值（Expenditure_dum_est）作为控制变量纳入基准模型中进行回归。第（2）列结果显示，Reform 变量与基准回归结果非常接近。

第三种方法采用倾向得分匹配—双重差分模型（PSM—DID）检验样本选择问题。具体来说，以企业是否为试点企业为处理变量，以一系列控制变量（基准回归中的企业特征、企业主特征以及多种固定效应和企业所有者的特征以及多种固定效应）为匹配变量，利用 Logit 模型预测企业成为试点企业的倾向得分，然后基于共同匹配条件，采用 DID 方法进行基准回归。第（3）列结果显示，Reform 系数依然为负。此外，PSM 还有助于缓解混合截面样本中未观察到的遗漏变量产生的潜在偏差问题。以上三种方法都表明，基准结论不会受到样本选择问题的根本性干扰。

5.5.5　混合政策干扰

政策识别结论的有效性还要求不会受到其他相关政策的干扰，因此，本节同时考虑了三种可能影响基准结论的政策冲击。

一是污染物排放控制政策。"十一五"规划（2006～2010 年）明确了空气污染（SO_2）和水污染（COD）减排目标以及能源效率目标（Stoerk，2019）。对此，本文控制了不同地区的时间趋势差异，发现基准结果不会受到该政策的显著干扰。

二是 SO_2 排污费调整政策。2007～2014 年，15 个地区先后调整了 SO_2 排污费标准。类似地，由于在模型（5−1）中，已经控制了不同地区的时间趋势差异，所以一基准结果也不会受到 SO_2 排污费调整政策的影响。

三是投资税收抵免政策。2008 年颁布的《企业所得税法》规定，企业环保设备投资额的 10% 可以从当年应纳税额中抵免。考虑到该政策在全国层面统一实施，故该政策的影响理论上会被年份固定效应吸收。

为了确保本章结论不会受到上述三种政策的影响，本章通过选择部分时期内的观测数据进行检验，每个子样本只会受到"营改增"试点政策的影响。表 5 - 12 分别观察了样本区间为 2011 ~ 2015 年（排除"十一五"规划的潜在影响）、非调整地区（排除 SO_2 排污费调整的潜在影响）以及 2009 ~ 2015 年（排除投资税收抵免政策的潜在影响）的检验结果，发现所有结果都非常稳健。

表 5 - 12　　　　　　　　　　　**对混合政策干扰的检验**

变量	（1）	（2）	（3）
Reform	- 0. 020 ** （0. 010）	- 0. 024 *** （0. 004）	- 0. 021 *** （0. 006）
Output	- 0. 003 （0. 032）	- 0. 005 （0. 028）	- 0. 012 （0. 030）
控制变量	Yes	Yes	Yes
城市固定效应	Yes	Yes	Yes
城市—年份固定效应	Yes	Yes	Yes
行业—年份固定效应	Yes	Yes	Yes
Pseudo R^2	0. 101	0. 106	0. 100
样本数	9377	6050	11649

注：括号内为省级层面聚类标准误；*、**、*** 分别表示在10%、5%和1%水平上显著。

5.5.6　内生性检验

由于本章使用的样本数据为混合截面数据，无法控制企业固定效应，导致对企业间固定差异的影响难以完全排除。因此，本部分拟采用工具变量法控制不可观测的企业间差异的影响。选取相关城市经济指标作为工具变量，分别为城市营业税收入，城市批发零售业社会消费品零售额和城市大型工业企业单位数。表 5 - 13 报告了工具变量的一般描述性统计。与本章企业调查对象涉及的城市一致，得到 187 个城市的工具变量一般数据特征。

表 5 - 13　　　　　　　　　工具变量的描述性统计

变量	样本数	平均值	标准差	最小值	最大值
营业税收入（百万元）	187	782.6	2261.2	34.6	27431
批发零售业社会消费品零售额（百万元）	187	14335.6	18696.6	538.8	174730.7
大型工业企业单位数	187	2411.3	40.576	1.0	461.8

数据来源：《中国城市统计年鉴》。

　　三个工具变量均由 2000～2004 年度均值表示，以避免单一年份偶然因素干扰工具变量的有效性。与基准回归模型中其他变量定义一致，工具变量均采用自然对数表示，以避免异方差因素的冲击。理论上，三个工具变量均与地方政府财政收入能力密切相关，与样本期间的企业污染治理支出不相关。这是因为，首先，就营业税来看，第三产业营业税收入越高的城市，在"营改增"之后，受到的财政收入损失较多，财政压力可能越大。其次，就批发零售业社会消费品零售额来看，一个城市的批发零售业发展程度反映了第三产业发展水平，能够间接反映城市税基大小。换句话说，批发零售业社会消费品零售额越高的城市，在"营改增"之后，财政收入冲击可能越大。最后，就大型工业企业单位数来看，一个城市拥有大型工业企业数量越多，越能够提供稳定的财政收入，面临财政压力的风险可能越小。

　　表 5 - 14 采用了标准的两阶段最小二乘回归，报告了工具变量回归结果。第一阶段结果如列（1）所示，F 值大于 10，三个工具变量的系数均具有统计意义，意味着工具变量确实与财政压力显著相关。其中，营业税收入工具变量和批发零售业社会消费品零售额工具变量显著为正，大型工业企业数量工具变量显著为负，证实了工具变量选取满足相关性条件，验证了理论猜想。进一步地，对工具变量进行过度识别检验，结果显示，P 值大于 0.1，意味着工具变量满足外生性要求。从第二阶段回归结果来看，Reform 变量显著为负，说明即使存在内生性问题，基准回归结果依然稳健。

表 5 - 14　　　　　　　　　　工具变量检验结果

变量	Reform	污染治理支出
	（1）	（2）
Reform		- 0.128 ** （0.058）
Output	0.312 *** （0.011）	0.049 ** （0.023）
城市营业税收入均值（2000 ~ 2004 年）	0.061 *** （0.017）	
城市批发零售业社会消费品零售额均值 （2000 ~ 2004 年）	0.065 *** （0.020）	
城市大型工业企业平均数量（2000 ~ 2004 年）	- 0.030 *** （0.010）	
F-value	25.306 ［0.000］	
过度识别检验	0.217 ［0.897］	
控制变量	Yes	Yes
省份—年份固定效应	Yes	Yes
行业—年份固定效应	Yes	Yes
R^2	0.954	0.056
样本数	12619	12619

注：括号内为省级层面聚类标准误；*、**、*** 分别表示在 10%、5% 和 1% 水平上显著。

5.5.7　度量方式和其他因素检验

表 5 - 15 报告了改变财政压力测度方式的检验。首先，采用传统衡量方式衡量财政压力，度量方法与表 5 - 10 的做法一致。以"财政压力 1"和"财政压力 2"分别替换模型（5 - 1）中的 Reform 变量，其他变量和回归设计参照模型（5 - 1）。第（1）列和第（2）列结果显示，财政压力变量均显著为负，证实了财政压力与企业污染治理支出之间的负相关关系，进一步证实了基准回归结论的可靠性。

接下来，对 Output 变量进行再定义。第（3）列~第（5）列检验了城市试点行业产值度量方式对 Reform 识别的影响。在基准回归中，采用 2008 年该城市试点行业产值的自然对数进行衡量，为了加强 Output 变量衡量方式的稳健性，这里进行了如下稳健性检验：第（3）列采用城市试点行业产值与所在城市 GDP 之比衡量，第（4）列采用地区试点行业产值与所在地区服务业产值之比衡量，第（5）列采用城市试点行业产值与所在地区试点行业产值之比衡量。结果显示，Reform 变量均显著为负，证实了财政压力对企业污染治理支出具有显著的负面影响。

表 5 - 15　　　　　　　　　　　度量方式检验

变量	传统衡量方式		城市比	省份比	城市—省份比率
	（1）	（2）	（3）	（4）	（5）
财政压力 1	- 0.428 ** (0.208)				
财政压力 2		- 0.011 *** (0.002)			
Reform			- 7.780 ** (3.388)	- 6.547 ** (3.067)	- 0.130 *** (0.044)
Output			- 3.022 ** (1.113)	2.309 *** (0.631)	- 0.106 (0.132)
控制变量	Yes	Yes	Yes	Yes	Yes
城市固定效应	Yes	Yes	Yes	Yes	Yes
省份—年份固定效应	Yes	Yes	Yes	Yes	Yes
行业—年份固定效应	Yes	Yes	Yes	Yes	Yes
调整 R^2	0.109	0.101	0.102	0.101	0.102
样本数	12771	15899	15268	14123	15268

注：括号内为省级层面聚类标准误；*、**、*** 分别表示在 10%、5% 和 1% 水平上显著。

为了克服模型设计可能存在的遗漏变量问题，表5－16进行了相应的稳健性检验。首先，由于本章的样本是混合横截面数据，无法控制企业固定效应。根据私营企业调查问卷，调查了企业类型，包括是否为独资公司、合伙公司、有限责任公司、一人有限责任公司、股份有限公司，对此在基准模型的基础上，纳入企业类型固定效应，以减轻企业间固有差异对模型的偏差估计。第（1）列结果显示，Reform 变量显著为负。

其次，经济发展和环境保护之间的权衡是地方政府普遍关心的现实问题，不同地区对不同行业污染排放及其治理的关注和投入可能存在很大差异。一般而言，发达地区对高污染行业的容忍度较低，欠发达地区对高污染行业的容忍度较高（Wang et al. ，2015）。对此，第（2）列在基准模型的基础上，纳入了省份和行业交互固定效应，以控制不同地区不同行业的污染治理需求差异。结果显示，Reform 变量依然显著为负。

再次，在基准回归中，在省级层面对标准误进行了聚类，这里替换为更加严格的城市层面聚类方式，第（3）列结果显示，与基准回归结果相比，Reform 变量的系数及显著性没有发生变化。

最后，可能还存在一些不可观测因素影响企业污染治理支出决策，例如生产率水平。一般而言，生产率较高的企业更倾向于扩大污染治理支出，遗漏这一因素可能就会高估地方财政压力的影响。对此，在第（4）列纳入了企业生产率（Productivity）变量，由销售收入与员工人数之比的自然对数表示，然后将其纳入基准回归模型[①]。结果显示，Productivity 变量显著为正，证实了理论猜想，即企业生产率越高，越重视污染治理投入。同时，Reform 变量显著为负，再次验证了基准回归的稳健性。

---

① 由于固定资产投资数据缺失，所以无法使用全要素生产率的一般衡量方法。

表 5－16　　　　　　　　　　　　稳健性检验

变量	企业类型固定效应	省份—行业固定效应	城市聚类	生产率
	（1）	（2）	（3）	（4）
Reform	－ 0. 017 *** （0. 005）	－ 0. 018 *** （0. 005）	－ 0. 017 *** （0. 006）	－ 0. 017 *** （0. 005）
Output	－ 0. 015 （0. 026）	－ 0. 011 （0. 029）	－ 0. 013 （0. 031）	－ 0. 013 （0. 026）
Productivity				0. 012 *** （0. 001）
控制变量	Yes	Yes	Yes	Yes
城市固定效应	Yes	Yes	Yes	Yes
省份—年份固定效应	Yes	Yes	Yes	Yes
行业—年份固定效应	Yes	Yes	Yes	Yes
调整 R^2	0. 103	0. 101	0. 102	0. 106
样本数	15047	15268	15268	15260

注：括号内为省级层面聚类标准误；＊、＊＊、＊＊＊分别表示在10％、5％和1％水平上显著。

5.6　▶ 形成机制分析

5.6.1　机制变量测度

理论而言，"营改增"使得地方主体税种（营业税）调整为共享税（增值税），将会对地方政府税收收入造成不同程度的冲击。然而，地方政府的实际税收收入不仅取决于税收分成制度，还取决于有效税率和税基。因此，地方政府可能会通过策略性反应弥补税收收入损失。

本节将探讨地方财政压力影响企业污染治理支出的两种潜在机制。第一个机制变量是税收征管，如5.2节所述，地方政府有多种加强税收监管的方式（Chen，2017；Xiao，2020）。本书遵循徐等（Xu et al.，2011）的测算方法，以实际税收收入比重除以预期税收收入比重衡量税收征管强度。其中，实际税收收入比重采用城市税收收入占GDP比重来衡量，预期税收收入比重根据第一产业增加值占比、第二产业增加值占比和对外开放度进行回归估计。该比值越高，则表明该城市税收征管强度越大。

第二个机制变量是环境规制，即地方政府可能会通过放松环境规制鼓励企业扩大投资，而非增加污染治理支出，以扩大税基，获取更多的税收收入。图5-5报告了我国环境污染治理投资占GDP比重变化，结果显示，在"营改增"之前，环境污染治理投资占比整体呈上升趋势，而在"营改增"之后，环境污染治理投资占比逐渐下降，说明环境规制力度有所放松（Qi & Zhang，2014；Bai et al.，2019；Hao et al.，2018）。

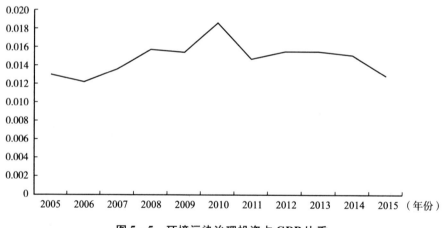

图5-5　环境污染治理投资占GDP比重

本章研究采用了两种环境规制测度方式。第一种测度方式涉及三个具有代表性的监管指标：工业废水、工业二氧化硫和工业粉尘排放（Zhao & Sun，2016；Ren et al.，2018）。由于原始数据之间不具有可比性，所以需要对这三个指标进行标准化处理，然后将每个单个指标取值范围修正为

[0，1]，这样就可以保证不同对象之间的可比性，这里采用了归一化处理策略。在此基础上考察了每个城市该指标与所有城市的平均水平之比，如果该比率大于1，则认为城市该指标的加权平均排放量高于所有城市平均值，说明该城市的环境管制较为宽松。最后，为了便于理解和分析，该测度结果采用逆值表示。基于此，如果地方财政压力受到冲击，地方政府放松了环境规制，此时该指标系数应显著为负。

第二种环境规制测度方式关注工业二氧化硫和工业粉尘去除率（Maisseu et al.，1995）。去除率越高，意味着该城市的环境规制强度越高。由于不同城市的污染排放量和污染物都有很大差异，所以需要根据每种污染物的排放量赋予城市权重。如果城市该指标较高，那么可以认为该城市的企业工业二氧化硫和工业粉尘去除率更高，即认为该城市的环境规制强度越高。基于此，如果财政压力导致地方政府放松了环境规制，那么Reform 变量应显著为负。

5.6.2　机制结果分析

本节通过替换被解释变量方式来检验地方财政压力对企业污染治理支出的影响机制，并控制了城市固定效应和省份—年份固定效应。与基准回归模型一致，标准误聚类在省份层面。

首先检验地方财政压力对税收征管强度的影响。表5 – 17 第（1）列显示，Reform 变量显著为正，意味着"营改增"之后，为了应对财政压力冲击，地方政府加强了税收征管强度。然后检验地方财政压力对环境规制强度的影响。第（2）列和第（3）列结果显示，Reform 变量显著为负，表明"营改增"之后，为了应对财政压力，地方政府显著放松了环境规制强度。其中，两种环境规制衡量方式分别为：一是工业废水、工业二氧化硫和工业粉尘加权平均水平（Zhao & Sun，2016；Ren et al.，2018），二是二氧化硫和工业粉尘综合去除率（Maisseu et al.，1995）。为了使得机制检验结果更加稳健，表5 – 5 的第（3）列和第（4）列也提供了部分证据，即从环境规制角度探讨了财政压力对企业污染治理支出的异质性效应，结果表明，严格的环境规制有助于弱化财政压力对企业污染治理支出的负面影响，而宽松的环境规制则会利用政策冲击，加重财政压力对企业污染治理的负面效应。

表 5 – 17　　　　　　　　　　　影响机制分析

变量	（1）	（2）	（3）
	税收监管	环境规制 1	环境规制 2
Reform	0. 051 ** （0. 023）	− 0. 054 *** （0. 018）	− 0. 084 ** （0. 039）
Output	0. 088 （0. 125）	− 0. 044 （0. 044）	0. 154 （0. 113）
常数	0. 766 * （0. 432）	1. 126 *** （0. 251）	2. 222 * （1. 228）
控制变量	Yes	Yes	Yes
城市固定效应	Yes	Yes	Yes
省份—年份固定效应	Yes	Yes	Yes
组内 R^2	0. 263	0. 310	0. 197
样本数	2565	2794	2802

注：括号内为省级层面聚类标准误；*、**、*** 分别表示在10%、5%和1%水平上显著；控制变量由表 5 – 10 中城市控制变量组成。

基于表 5 – 17 结果来看，税收征管加强和环境规制放松两种机制都能够弥补税收收入损失。其中，提高税收征管强度提高了有效税率，放松环境监管有助于扩大税基。表 5 – 18 报告了影响机制的补充证据。第（1）列和第（2）列结果显示，Reform 系数显著为正，意味着财政压力显著增加了地方政府的税收收入[①]。第（3）列考察了财政压力对城市非税收入

---

① 在第（1）列，因变量是流转税收入对数，在第（2）列中，因变量是企业所得税收入对数。这两个变量和所有宏观层面控制变量数据均来自《中国区域经济统计年鉴》和《中国城市统计年鉴》。

的影响，发现 Reform 变量不显著，意味着地方政府并没有显著增加非税收入征管。可能是因为，非税收入在财政收入中的比重相对较低，并且中央加强了对非税收入的监管。为了增强结论的稳健性，第（4）列和第（5）列考察了地方财政压力对企业人均税负和人均费负的影响。结果证实，财政压力显著增加了企业税收负担，但是没有显著提高企业非税负担。

表 5 – 18　　　　　　　　　影响机制的补充证据

变量	（1）营业税收入	（2）企业所得税收入	（3）非税收入	（4）人均税负	（5）人均费负
Reform	0.058 ** (0.024)	0.072 * (0.037)	– 0.003 (0.028)	5.244 ** (2.455)	– 0.252 (0.203)
Output	0.010 (0.059)	0.217 ** (0.096)	– 0.098 (0.066)	– 30.059 * (16.914)	0.086 (1.202)
常数	2.346 *** (0.167)	0.114 (0.282)	2.420 *** (0.206)	123.458 ** (54.152)	4.179 (3.777)
控制变量	Yes	Yes	Yes	Yes	Yes
城市固定效应	Yes	Yes	Yes	Yes	Yes
省份—年份固定效应	Yes	Yes	Yes	Yes	Yes
组内 R^2	0.944	0.893	0.885	– 0.008	0.038
样本数	2762	2737	2663	15268	15268

注：括号内为省级层面聚类标准误；*、**、*** 分别表示在 10%、5% 和 1% 水平上显著；第（1）列~第（3）列的控制变量由表 5 – 10 中城市控制变量组成；第（4）列~第（5）列控制变量与基准模型一致，数据来自中国私营企业调查。

5.7 ▶ 小结

本章基于"营改增"试点对不同地区税收收入的冲击差异，定量考察了地方财政压力对企业污染治理行为的影响。与多数研究普遍关注地方政府行为不同，我们不仅定量估计了地方政府对财政压力的反应，而且还评估了财政压力对企业污染治理支出的影响。具体而言，本章基于 2005 ~ 2015 年中国私营企业调查数据，利用"营改增"试点政策，采用连续型 DID 策略考察了地方财政压力对企业污染治理支出的短期效应。结果显示，地方财政压力显著降低了企业污染治理支出，这一结论在经过平行趋势、外生性、内生性、样本选择等一系列检验后，结论依然稳健成立。从企业异质性来看，年轻、受教育程度高或者具有行业关联和政治关联的企业主，其企业污染治理支出受到财政压力的不利影响相对较小。从地区异质性来看，东部地区的私营企业对这一冲击的反应要弱于中西部地区，这是因为东部地区在环境保护方面的监管更加严格。此外，在财政压力较大、环境监管较为宽松、污染减排成本较低的地区，财政压力对企业污染治理支出的不利影响更大。机制证据表明，一方面，当面临财政压力冲击时，地方政府加强了税收监管，提高了有效税率。另一方面，地方政府放松了环境规制，鼓励企业增加主营业务投资，扩大了税基。换言之，地方政府通过加强税收征管和放松环境规制，获得了更多的税收收入，弱化了企业污染治理支出。

研究结论对优化分税制体制具有启示意义。本章探讨了地方政府寻求更多税收收入的原因，强调了重塑地方主体税种的必要性。同时，为了减轻财政压力对企业污染治理支出的负面影响，应加强环境规制强度。需要说明的是，本章研究结果只是反映了地方财政压力对企业污染治理支出的短期效应。自 2015 年以来，相继出台了中央环保督察制度、《环境保护法》、大气污染防治计划等，环境规制更加严格，有助于抑制财政压力对企业污染治理支出的不利效应。

第6章

因减税而扩张：兼论"营改增"的要素配置效应

6.1 ▶ 引言

改革开放至今，资本、劳动力和资源要素投入在推动我国经济增长过程中发挥了重要作用。然而，随着资源环境约束日益加深，生产要素成本持续上升，依赖要素成本优势的投资驱动模式越来越难以为继。据测算，1980~2014年我国资本投入驱动GDP增长率平均占比55%以上，全要素生产率（Total Factor Productivity，TFP）驱动接近40%。在2008年金融危机之后，投资驱动的基本形态更加突出，资本投入贡献率已由2000~2005年的60%以内迅速攀升至2010~2014年的85%，而同期的TFP贡献率由54%下降至27%，劳动投入贡献率更是呈负增长趋势（李平等，2017）。在新发展理念的目标指引下，转换经济增长模式，提高供给质量，迫切需要优化要素配置。

要素配置扭曲的成因一直是经济学界关注的热点话题。从政府因素来看，地方经济增长目标（赵新宇和郑国强，2020）、偏向型政策（张天华和张少华，2016）与要素配置扭曲密切相关。从市场因素来看，比较优势

（林毅夫，2011）、资本结构变动和技术进步差异（黄先海和刘毅群，2013）等因素对要素或行业配置扭曲同样具有重要影响。部分学者将市场因素和政府因素纳入同一框架研究发现，金融摩擦对资本错配的影响贡献了30%（Midrigan & Xu，2014），政策扭曲对资本错配的影响贡献了70%（Wu，2018）。税制改革也是影响要素配置的重要因素，但是相关的研究较为缺乏。从出口退税政策角度，钱学锋等（2015）考察了出口部门和非出口部门的成本加成差异如何影响部门资源误置。从企业综合税负角度，刘啟仁和黄建忠（2018）考察了税负转嫁对资源配置效率的影响，发现生产率提升有助于降低税负扭曲。从有效增值税税率差异角度，陈晓光（2013）和陈（Chen，2017）揭示了增值税转型对制造业生产率损失的影响。

如何从税制改革角度优化要素配置，"十四五"规划纲要从战略高度上指明了财税制度改革趋于完善的方向、目标和路径，"破除制约高质量发展、高品质生活的体制机制障碍，强化有利于提高资源配置效率、有利于调动全社会积极性的重大改革开放举措，持续增强发展动力和活力"。作为供给侧结构性改革的重要举措，服务业营业税改征增值税（以下简称"营改增"）改变了长期以来产业间的两税分设，对宏观经济和微观企业行为及绩效产生了深远的影响。近期研究从不同视角发现"营改增"对企业全要素生产率的促进作用，例如，专业化分工和研发投入角度（李永友和严岑，2018；黄策等，2020；Peng et al.，2022）、税负和经营效率角度（谢获宝和惠丽丽，2021）以及人力资本角度（盛明泉等，2020）。还有研究基于地区层面数据检验了"营改增"政策对服务业资本配置效率的积极作用（孙正和陈旭东，2018）。

与既有研究的视角不同，本章关心要素抵扣范围调整[①]对企业要素配

---

① 要素抵扣范围调整是指不同行业生产要素进项抵扣范围发生了改变。具体而言，"营改增"之后，原营业税行业（服务业、建筑业等）在生产和流通环节所需的资本要素（固定资产、原材料、应税服务）纳入进项抵扣范围，原增值税行业（制造业、批发零售业、公用事业、采矿业等）在生产和流通环节所需的资本要素（交通运输服务、信息技术服务等应税服务）纳入进项抵扣范围。

置扭曲的影响。相近的研究发现，资本要素税收激励扩大了投资、消费和总产出（Domeij & Heathcote，2004）。但是也有研究指出，资本要素税收激励容易造成"过度资本化"现象（Piketty，2014）。然而，既有研究尚不能回答要素抵扣范围调整如何影响企业要素配置扭曲。在"营改增"背景下，"销项–进项"的核算方式改变了计税依据，企业进项可抵扣范围越小，增值税税负压力越大（乔睿蕾和陈良华，2017；倪娟等，2019；李普亮和贾卫丽，2020）。与此同时，随着征管机构由地税局转移至国税局，强化了税收征管力度，进一步抬高了企业税负压力（范子英和彭飞，2017；乔俊峰和张春雷，2019）。从税制设计来看，"营改增"政策允许资本要素纳入进项抵扣范围，相当于对资本要素实施了税收激励，使得资本要素更具税收价格优势。为了减轻税负，企业是否会利用要素抵扣范围调整机会，改变要素投入决策，进而影响要素配置扭曲是接下来要讨论的问题。

本章基于"营改增"试点的准自然试验，利用倍差法（Difference-in-Difference，DID）评估了"营改增"的要素配置效应，发现"营改增"政策总体上降低了要素配置扭曲，但是在改革后期，要素配置效应有所降低。机制表明，资本要素抵扣范围调整刺激了企业资本要素持续投入，增加了要素配置扭曲风险。为了佐证税负压力对要素配置扭曲的影响，本章采用广义倾向得分匹配（General Propensity Score Matching，GPSM）方法检验了流转税税负与要素配置扭曲之间的"U 型"关系，证实了企业为了减轻税负不断扩大资本要素投入，将会偏离最优要素配置。

6.2　▶ 税制背景与研究假设

自分税制改革以后，为了抑制通货膨胀和经济过热，我国采用了生产型增值税制度。然而，生产型增值税存在税基较宽、重复课税、抑制投资等多方面的弊端，因此，将生产型增值税逐步过渡到消费型增值税是健全增值税制度的应有之义，也是税制改革的重要任务。2004 年，我国在东北地区部分制造业开启了增值税转型试点，一个重要举措是允许机器设备等固定资产投资纳入进项抵扣。自 2009 年起，全国所有地区的原增值税行业统一实施消费型增值税制度。

为了扭转制造业和服务业长期分设的税制设计，消除产业间贸易的税制壁垒，推动制造业和服务业转型升级，自 2012 年起，我国在部分服务业开启了"营改增"试点，经过不同地区和不同行业的逐步扩围，2016 年 5 月，全国所有行业完成了税制统一。考虑到服务业和制造业的中间投入需求差异，采取了差别化的税率设计。然而，多档税率设计改变了产品和服务的相对价格，扭曲了生产者和消费者的行为，造成生产效率损失（陈晓光，2013；Chen，2017）。不仅如此，增值税小规模纳税人管理制度还造成了不同经济主体的分工和贸易联系割裂，破坏了公平有序的市场竞争环境，形成非对称的减税效应（Fang et al.，2017）。从税制设计来看，这次改革延续了增值税转型设计理念，将交通运输服务、研发服务等资本项支出纳入抵扣范围，劳动要素没有纳入抵扣范围，相当于只对资本要素实施了税收激励。因此，"营改增"的要素配置效应可能存在两种情形：

一是税制驱动效应。"营改增"政策消除了重复征税，加快了制造业与服务业的分工与融合，有助于降低要素配置扭曲。对服务业来说，"营改增"政策激励了这类企业向制造业部门采购机器设备等固定资产的产品需求，长期的资本抑制逐渐得到释放，边际产出增加，生产效率提升（孙正和陈旭东，2018）。对制造业等原增值税行业来说，"营改增"政策提高了外购技术支出需求，深化了专业化分工和制造业服务化程度，同样有助于增进生产效率（李永友和严岑，2018；黄策等，2020；Peng et al.，2021a）。

二是税制扭曲效应。"营改增"政策允许资本要素纳入进项抵扣范围，使得资本要素更具税收价格优势，激励了企业扩大资本要素投入。不论是制造业还是服务业，在要素边际产量递减规律的作用下，持续增加资本要素投入就可能偏离最优要素配置，造成要素配置扭曲。随着税收征管机构的调整，企业税负压力进一步上升（范子英和彭飞，2017；乔俊峰和张春雷，2019）。为了顺利减轻税负，企业就可能加重对资本要素的进项抵扣依赖。研究表明，资本品相对价格下降将会导致企业要素投入由劳动转向资本（Karabarbounis & Neiman，2013）。虽然资本要素税收激励有利于推动技术进步，但是也扩大了资本和劳动要素间的投入差距（Hutchinson & Persyn，2012），增加了要素配置扭曲风险。据此提出一个对立性假设：

假设 6 - 1a：总体上，"营改增"政策降低了企业要素配置扭曲。

假设 6 - 1b：总体上，"营改增"政策加剧了企业要素配置扭曲。

从税制设计来看，"营改增"政策延长了增值税抵扣链条，有助于减轻企业税负。但是，税收征管模式转变和税收征管强度加强又在不同程度地增加企业税负压力。对此，企业既可以利用自身议价能力减轻税负（童锦治等，2015；乔睿蕾和陈良华，2017），也可以利用自身价格加成能力实现税负转嫁（钱雪锋等，2015；刘啟仁和黄建忠，2018）。然而，对于一般企业而言，如果既不具有行业垄断地位，又不具有产业关联优势，那么税负转嫁难度就会较大。这种情形下，企业是否会利用要素抵扣范围调整机会，增加资本要素投入，减轻税负？图 6 - 1 以企业资本劳动比自然对数反映要素投入结构，结果显示，2009～2011 年企业资本劳动比在较低水平上波动，而在 2012 年之后，企业资本劳动比快速增加。这一特征恰好与"营改增"试点时间相吻合，初步表明要素抵扣范围调整可能与企业要素配置行为密切相关。

在要素税收价格变化的背景下，"营改增"政策可能会扭曲企业要素配置行为。倪娟等（2019）指出，企业在生产过程中的人力资本要素投入比重越大，进项税无法抵扣的部分越多，增值税税负越高。为了减轻税负压力，"营改增"政策可能会改变企业生产要素配置和技术要素配置行为。从生产要素配置行为来看，由于资本要素进项税额得以抵扣，劳动要素

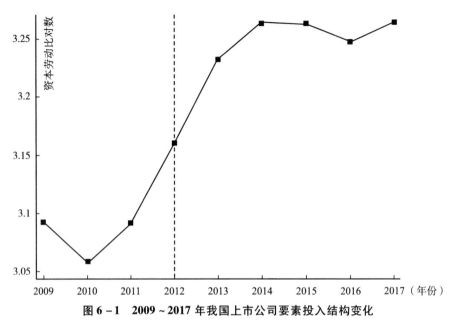

图 6 - 1　2009～2017 年我国上市公司要素投入结构变化

数据来源：作者根据上市公司数据整理而得。

未纳入抵扣范围，也就扭曲了资本和劳动要素的相对价格，使得市场倾向于投入资本要素，从而改变了要素配置结构。樊勇等（2017）发现，增值税转型后企业固定资本投入显著增加，劳动力投入显著减少。从技术要素配置行为来看，"营改增"政策对资本要素的税收激励降低了企业外购技术服务成本，增加了技术引进比重，抑制了自主创新投入（王桂军和曹平，2018；李永友和严岑，2018；Peng et al.，2021a）。中国经济增长前沿课题组（2014）指出，仅靠技术引进实现短期效率改进，而不是依靠自主创新实现技术进步，是造成中国生产效率持续走低的重要原因。因此，在要素抵扣范围调整的视角下，为了减轻税负压力，"营改增"政策可能会扭曲企业要素配置行为，增加要素配置扭曲风险。据此提出另一假设：

假设 6 - 2：要素抵扣范围调整激励了企业资本要素投入需求，随着"营改增"试点的推进，资本要素持续投入可能会增加要素配置扭曲风险。

6.3.1 模型设定

"营改增"试点在地区和行业两个维度逐步展开。地区层面，2012 年 1 月 1 日，上海市率先在交通运输服务业和部分现代服务业（简称"1 + 6"行业）开展试点（财税〔2011〕111 号）；同年 9 ~ 12 月，"1 + 6"行业在北京市、江苏省、安徽省、福建省、广东省、天津市、浙江省、湖北省（简称"8 省市"）陆续扩大试点（财税〔2012〕71 号）；次年 8 月 1 日，"1 + 6"行业在全国所有地区实施（财税〔2013〕37 号）。行业层面，2014 年上半年，考虑到部分行业的特殊性，铁路运输服务业、电信业和邮政业在全国统一开展试点（财税〔2013〕106 号、财税〔2014〕43 号）；2016 年 5 月，建筑业、金融业、房地产业、生活服务业纳入试点（财税〔2016〕36 号），至此所有服务业完成"营改增"试点。因此，分地区、分行业的试点进程为评估"营改增"的要素配置效应提供了政策实验机会。模型设计如下：

$$tkl_{it} = \beta_0 + \beta_1 vat_{kjt} + \sum \varphi_n X_{it} + \sum r_i \delta_i + \sum s_{jt} \zeta_{jt} + \varepsilon_{it} \qquad (6-1)$$

在模型中，tkl_{it} 表示 i 企业 t 年的要素配置扭曲指数，由公式（6 - 6）得到。由于服务业增值税改革延伸了原增值税行业的抵扣链条，直接影响了产品销售范围和中间投入需求。换句话说，原增值税行业也会受到"营改增"的影响。故借鉴既有研究的一般做法（陈钊和王旸，2016；彭飞等，2020；黄策等，2020），将原增值税行业随试点地区扩大而纳入处理组，即"营改增"（vat）变量表示处理组行业 k 和地区 j 在试点之后 t 取值为1，对照组均取值为0。处理组与对照组设置如表6-1所示。

X_{it}表示控制变量集合，主要包括：（1）企业规模，采用企业资产总计对数表示；（2）企业年龄，采用调查年份－成立年份＋1表示；（3）资产收益率，使用净利润占总资产的比重衡量；（4）资产负债率，使用总负债占总资产的比重衡量；（5）产权属性，以产权属性是否为国有（含集体控股）企业进行区分；（6）固定资产占比，以固定资产净值占总资产的比重衡量。此外，模型还纳入了企业固定效应δ_i和省份—年份固定效应ζ_{jt}，r_i、s_{jt}分别为其对应的回归系数。i、t和j分别表示企业、年份和省份，β_0表示常数项，β_1表示"营改增"变量系数，φ_n表示不同控制变量系数（n＝1，2，…，6），ε_{it}表示误差项。

表6-1 处理组与对照组设置

时间	处理组	对照组
2009~2011年	无	所有地区、所有行业
2012年	"1＋8"地区：试点行业（"1＋6"行业）和原增值税行业	其他地区、其他行业
2013年	其他地区：试点行业（"1＋6"行业）和原增值税行业	未试点的其他行业
2014年	新增行业：铁路运输服务业、电信业和邮政业	未试点的其他行业
2016年	新增行业：建筑业、金融业、房地产业、生活服务业	无

6.3.2 要素配置扭曲测度

要素配置扭曲是当前宏观经济政策关注的核心问题。"十四五"规划纲要对"提高资源配置效率""矫正资源要素失衡错配"提出了明确要求。从这个角度来看，改善要素配置扭曲是提升全要素生产率的一个重要机制（Hsieh & Klenow，2009；Chen，2017）。企业要素配置也是优化要素投入结构的重要体现。长期以来，我国经济发展过度依赖劳动力、土地、资源等生产要素投入，人才、技术、知识等要素投入比重偏低。对此，本书以谢地和克莱诺（Hsieh & Klenow，2009）为基础，放宽其规模报酬不变的假设，推理非完全竞争市场下厂商受到生产性要素配置扭曲的静态均衡解，并且将生产要素扩展至中间投入环节，以捕捉分工对产出的影响。

1. 要素配置扭曲测算方法。

假设企业使用资本、劳动和中间投入要素，基于 Cobb – Douglas 生产函数进行生产决策。

$$Y_{it} = TFP_{it} \times (K_{it}^{\alpha_k} L_{it}^{\alpha_l} M_{it}^{\alpha_m})^{\gamma} \qquad (6-2)$$

其中，Y、K、L 和 M 分别代表产出、资本、劳动和中间投入，α_k、α_l、α_m 分别代表资本、劳动和中间投入的产出弹性。假设生产函数满足规模报酬递减，即 $\gamma < 1$，要满足企业利润最大化目标，于是：

$$\max \{ P_{it} Y_{it} - (1 + \tau_{Kit}) P_{Kit} K_{it} - (1 + \tau_{Lit}) P_{Lit} L_{it} - P_{Mit} M_{it} \} \qquad (6-3)$$

其中，P_i 是企业生产产品价格，由于企业产品和价格缺少详尽信息，这里使用加总后的产出数据，即以企业营业收入表示 $P_i Y_i$。借鉴谢地和克莱诺（Hsieh & Klenow，2009）关于要素价格扭曲的假定，企业真实要素价格分别为 $(1 + \tau_K) P_K$ 和 $(1 + \tau_L) P_L$。其中，P_K 和 P_L 分别表示竞争条件下的资本和劳动价格，τ_K 和 τ_L 分别表示资本和劳动 "扭曲锲子"，衡量企业实际配置与最优配置的距离，距离越远，扭曲越大。需要说明的是，由于中间投入价格、数量和种类难以获取，这里仅对资本和劳动扭曲进行了测算。根据利润最大化条件，得到资本边际收益和劳动边际收益：

$$MRPK_{it} = \frac{\alpha_k \gamma P_{it} Y_{it}}{K_{it}} = (1 + \tau_{Kit}) P_{Kit}, \quad MRPL_{it} = \frac{\alpha_l \gamma P_{it} Y_{it}}{L_{it}} = (1 + \tau_{Lit}) P_{Lit}$$

$$(6-4)$$

进而可得到资本扭曲和劳动扭曲，如式（6 – 5）：

$$1 + \tau_{Kit} = \frac{\alpha_k \gamma P_{it} Y_{it}}{P_{Kit} K_{it}}, \quad 1 + \tau_{Lit} = \frac{\alpha_L \gamma P_{it} Y_{it}}{P_{Lit} L_{it}} \qquad (6-5)$$

根据式（6 – 5），可定义企业要素配置扭曲指数：

$$tkl_{it} = (1 + \tau_{Kit})^{\alpha_k} (1 + \tau_{Lit})^{\alpha_l} \qquad (6-6)$$

基于公式（6 – 6），可测算不同年度的企业要素配置扭曲指数。可以发现，要素产出弹性对于测度企业要素配置扭曲具有直接影响。因此，科学合理地测度要素产出弹性成为研究企业要素配置扭曲问题的一个重要前提。

2. ACF方法测算要素产出弹性。

当前估算要素产出弹性的方法主要有三种：一是固定效应方法（FE），该方法能够汲取不随时间、地区和行业等不可观测因素对扰动项的影响，但是不能有效解决相应的内生性问题。二是LP方法（Levinsohn & Petrin，2003），由于部分企业当年可能没有发生新增投资，造成投资不能完全反映生产率变化，该方法使用中间投入而非投资作为生产率变化的代理变量。三是ACF方法，阿克伯格等（Ackerberg et al.，2015）在LP方法的基础上，将劳动力系数从第一阶段的回归中识别出来，将所有生产要素放在第二阶段进行回归，采用中间投入作为生产率冲击的代理变量，进一步解决模型设定的内生性和联立性。因此，本书以ACF方法作为要素产出弹性的测算基础。基于公式（6-2）建立模型：

$$y_{it} = \alpha_0 + \alpha_k \gamma k_{it} + \alpha_1 \gamma l_{it} + \alpha_m \gamma m_{it} + \varepsilon_{it} \tag{6-7}$$

其中，企业产出、资本、劳动和中间投入分别采用营业收入、固定资产净额、员工总数、购买商品接受劳务支付的现金表示，所有价值变量均取对数。为了避免价格因素的影响，所有价值变量均使用了相应的价格指数平减（2009年=100）（杨振和陈甬军，2013）。本书还对模型的外生参数进行了设定。资本价格主要反映企业占用资金而付出的成本，采用"利息支出/（短期借款+长期借款）"这一比率表示。对于资本价格缺失的企业，使用本行业（新证监会行业代码—大类）相同年份的资本价格均值代替。劳动价格主要反映企业用工成本，使用"支付给职工以及为职工支付的现金/员工总数"表示（杨振和陈甬军，2013）。由于本模型不再局限规模报酬不变，为了更贴近经济现实，将反映规模报酬因子 γ 取值为0.8（孟辉和白雪洁，2017）。以ACF方法估计的要素产出弹性为基础，利用公式（6-5）、（6-6）可测算资本扭曲、劳动扭曲以及整体扭曲指数。

6.3.3 数据说明

本书以 2009～2017 年沪深上市公司为研究对象，数据筛选与处理过程如下：（1）删除教育费附加及其费率信息披露不全的样本，包括年度财务报告未披露和年报缺失报告教育费附加信息的公司；（2）删除资产负债率大于 1 或不大于 0 的公司；（3）删除资产收益率大于 1 或小于 −1 的公司；（4）删除固定资产比率大于 1 或小于 0 的公司；（5）为了避免异常值的影响，对扭曲指数进行 5% 的双边缩减处理。财务数据来自 WIND 数据，教育费附加及其费率根据企业年报手工整理。表 6−2 报告了处理组和对照组的描述性统计结果。

表 6−2　　　　　　　　主要变量的描述性统计

变量	处理组					对照组				
	样本数	均值	标准差	最小值	最大值	样本数	均值	标准差	最小值	最大值
要素配置扭曲指数	14105	1.088	0.118	0.885	1.456	7923	1.116	0.129	0.885	1.455
资本扭曲	12695	5.081	4.511	0.736	23.412	7129	5.282	4.633	0.738	23.336
劳动扭曲	12710	0.894	0.479	0.308	2.595	7115	1.040	0.528	0.308	2.597
流转税税负	13953	8.714	1.614	−1.609	17.134	7812	8.399	1.890	−3.401	16.910
企业规模	14105	12.752	1.393	8.067	21.682	7923	12.601	1.700	6.907	21.521
企业年龄	14105	18.096	5.297	3.000	68.000	7923	15.328	5.164	1.000	62.000
资产收益率	14091	0.046	0.064	−0.987	0.695	7912	0.051	0.073	−0.865	0.980
资产负债率	14065	0.407	0.205	0.008	0.996	7826	0.463	0.228	0.008	0.998
产权属性	14105	0.308	0.462	0.000	1.000	7923	0.447	0.497	0.000	1.000
固定资产占比	14105	0.220	0.156	0.000	0.948	7923	0.218	0.171	0.000	0.971

6.4 ▶ 实证结果

6.4.1　基准回归结果

基于模型（6-1）的回归结果如表6-3所示，第（1）列纳入年份和企业固定效应后，"营改增"变量在1%水平上显著为负，初步表明"营改增"政策显著降低了企业要素配置扭曲。第（2）列进一步纳入企业规模、企业年龄、资产收益率、资产负债率、产权属性和固定资产占比变量后，发现"营改增"变量对企业要素配置扭曲的影响依然显著为负，而且组内 R^2 大幅提高，说明纳入控制变量后降低了遗漏变量的干扰。因此可以初步认为，"营改增"政策显著降低了企业要素配置扭曲。

尽管DID方法已经控制了企业和年份层面的固定效应，然而仍然可能存在不可观测的异质性对要素配置扭曲产生冲击，例如不同地区的税收征管强度、市场环境、产业政策等方面的变化，仅控制企业和年份虚拟变量无法降低这一担忧。因此，为了避免模型设计遗漏了不同地区其他政策的影响，在第（3）列中纳入了省份—年份固定效应，发现"营改增"变量的显著性没有变化，再次验证了研究假设6-1a的正确性。

表6-3　　　　　　　　　　基准回归结果

变量	（1）	（2）	（3）
营改增	-0.017 *** (0.002)	-0.011 *** (0.002)	-0.014 *** (0.003)

续表

变量	(1)	(2)	(3)
控制变量	Yes	Yes	Yes
企业固定效应	Yes	Yes	Yes
年份固定效应	Yes	Yes	Yes
省份—年份固定效应	No	No	Yes
组内 R^2	0.040	0.294	0.304
样本数	22028	21881	21881

注：*、**、*** 分别表示回归系数在 10%、5% 和 1% 水平上显著；括号内为省级层面聚类标准误。

本章借鉴刘和毛（Liu & Mao，2019）检验多时点 DID 平行趋势假设的做法，定义改革前和改革后不同年度的政策变量。如果企业为 2012 年试点企业，定义改革前一年政策变量（-1）在 2011 年取值为 1，改革当年政策变量（0）在 2012 年取值为 1，其他年份取值为 0；以此类推，如果企业为 2013 年试点企业或 2014 年试点企业或 2016 年试点企业，可得到改革前（-1，-2，-3，-4，-5，-6）、改革当年（0）及改革后不同年度（+1，+2，+3，+4，+5）的政策变量。为了避免共线性问题，以改革前一年度政策变量为基准。图 6-2 报告了平行趋势检验结果，发现在改革前，不同年度政策变量均不显著，表明基准模型设计满足平行趋势检验要求。在"营改增"试点之后，不同年度政策变量均显著为负，随着试点范围的扩大，要素配置扭曲呈先降后升的特征，在改革后第 3 年呈现最优要素配置效应。在试点初期，"营改增"政策释放了企业资本需求，改善了要素配置扭曲，随着试点进程的推进，为了减轻税负压力，企业对资本要素的进项需求不断增加，增加了要素配置扭曲风险。这一发现与既有研究结论一致（Zwick & Mahon，2017；刘啟仁和黄建忠，2018）。

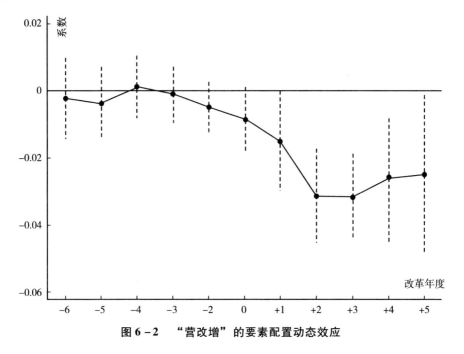

图6－2　"营改增"的要素配置动态效应

6.4.2　稳健性检验

内生性检验。一方面，在基准模型中纳入"行业处理变量×时间趋势"，以控制试点行业与非试点行业在不同年份可能存在的税负差异。另一方面，在基准模型中纳入"行业处理变量×流转税税负×D2011"，以控制试点前一年度试点行业与非试点行业的流转税税负差异。其中，D2011变量表示试点实施前一年度的虚拟变量，流转税税负变量使用教育费附加与其费率之比的自然对数表示（范子英和彭飞，2017；Peng et al.，2021a）。

样本选择问题检验。一方面，第（3）列采用倾向得分匹配—倍差法消除不可观测但不随时间改变的组间差异。具体来说，本章以试点行业为被解释变量，以流转税税负、规模、年龄、资产收益率、资产负债率、产权属性、固定资产比率为匹配变量，同时控制省份和时间固定效应，为避免政策发生后的企业特征变化对被解释变量的干扰，将研究样本限定在"营改增"

试点之前，采用 Logit 模型测算试点行业的条件概率分布，然后以满足共同支撑条件的匹配样本进行 DID 回归。另一方面，进入或退出行为可能与企业要素配置密切相关，扭曲程度高的企业因为经营困难而退出市场，扭曲程度低的企业因为业绩突出而进入上市公司序列，那么就会影响估计结果。对此列（4）采取平衡面板数据做法，以规避可能存在的样本选择问题。

政策变量敏感性检验。参照范子英和彭飞（2017）的做法，将 2012 年试点时间晚于 11 月的省份纳入 2013 年度试点范围，即定义这些地区（福建、广东、天津、浙江）的试点企业在 2013 年之后取值为 1，之前为 0，其他定义与模型（6-1）一致。

要素配置扭曲测度检验。由于要素产出弹性测算结果对要素配置扭曲指数具有直接影响，所以这里采用 FE 和 LP 方法测算要素产出弹性，进而测算企业要素配置扭曲指数。此外，由于 2016 年之后所有行业都纳入了试点改革，所有企业的要素配置扭曲可能都会受到影响，因此第（8）列以 2009~2015 年为研究对象进行检验。表 6-4 结果显示，"营改增"变量均显著为负，证实了基准结论的稳健性。

表6-4　　　　　　　　　　稳健性检验

变量	内生性		样本选择		敏感性识别	扭曲测度2	扭曲测度3	2009~2015 年
	(1)	(2)	(3)	(4)	(5)	(6)	(7)	(8)
营改增	-0.012*** (0.003)	-0.010*** (0.003)	-0.016** (0.007)	-0.013*** (0.003)	-0.014*** (0.003)	-0.022*** (0.004)	-0.114*** (0.018)	-0.019*** (0.004)
控制变量	Yes	Yes	Yes	Yes	Yes	Yes	Yes	Yes
企业固定效应	Yes	Yes	Yes	Yes	Yes	Yes	Yes	Yes
省份—年份固定效应	Yes	Yes	Yes	Yes	Yes	Yes	Yes	Yes
组内 R^2	0.305	0.314	0.325	0.281	0.304	0.276	0.309	0.315
样本数	21881	21620	19283	15800	21881	21877	21883	15618

注：*、**、***分别表示回归系数在10%、5%和1%水平上显著；括号内为省级层面聚类标准误。

6.4.3　形成机制分析

基准结果发现，"营改增"政策释放了资本要素需求，降低了要素配置扭曲程度。但是从动态效应来看，"营改增"的要素配置效应在试点后期有所弱化，产生这一非线性效应的主要原因是什么？对此，本章尝试从要素抵扣范围调整角度考察企业为了减轻税负压力的要素配置行为，进而揭示要素配置效应的形成机制。

其一，检验"营改增"的要素配置效应的形成来源。以公式（6-5）测算的资本扭曲和劳动扭曲分别作为被解释变量，利用模型（6-1）进行 DID 回归。表6-5第（1）列、第（2）列结果显示，"营改增"变量对资本扭曲的影响显著为负，对劳动扭曲的影响不显著，说明基准结果揭示的要素配置效应可能与资本扭曲改善密切相关。之所以产生这种差异，是因为"营改增"政策对资本要素的税收激励降低了资本进项成本，释放了产业间的资本需求，从而改善了资本配置扭曲，而劳动要素由于没有获得税收激励，所以未见劳动扭曲的显著改善。

其二，以要素抵扣范围调整为线索，从资本要素投入角度揭示要素配置效应的形成证据。第（1）列显示，"营改增"变量未能在1%水平上显著降低资本扭曲，是否因为资本要素持续投入降低了要素配置效应？这里以固定资产投资净额对数衡量企业资本要素投入规模，第（3）列、第（4）列结果显示，"营改增"之后，企业资本投入显著提高了，并且政策效应从改革当年到改革后第五年，增长了 4 倍有余。这一证据表明，企业为了减轻税负，采取持续扩大资本要素投入策略将会造成资本扭曲改善不足，进而增加要素配置扭曲风险。

其三，由于劳动要素没有纳入增值税抵扣范围，理论上不会受到"营改增"政策的显著影响，否则认为要素抵扣范围调整是要素配置效应变化的成因就难以成立了。具体而言，本书以企业员工总数的自然对数表征劳动投入数量，以人均劳动报酬的自然对数表征劳动投入金额进行检验。

表 6 – 5第（5）列 ~ 第（8）列结果显示，不论是劳动投入数量还是劳动投入金额，抑或是总体效应和动态效应，没有证据显示"营改增"政策显著扩大了企业劳动投入需求。反事实证据表明，资本要素纳入抵扣范围激励了企业对资本要素的偏好，可能是要素配置效应变化的直接原因。

表 6 – 5　　　　　　　　　　要素配置效应的形成机制检验

变量	资本扭曲	劳动扭曲	资本投入		劳动投入数量		劳动投入金额	
	（1）	（2）	（3）	（4）	（5）	（6）	（7）	（8）
营改增	– 0.448 ** (0.219)	– 0.017 (0.011)	0.058 *** (0.013)		0.040 (0.025)		0.019 (0.019)	
改革当年				0.092 *** (0.022)		0.012 (0.035)		0.042 (0.028)
改革后第一年				0.126 *** (0.026)		0.042 (0.042)		0.041 (0.041)
改革后第二年				0.252 *** (0.044)		0.081 (0.052)		0.015 (0.047)
改革后第三年				0.345 *** (0.077)		0.135 * (0.073)		– 0.035 (0.059)
改革后第四年				0.407 *** (0.084)		0.068 (0.085)		0.034 (0.084)
改革后第五年				0.444 *** (0.099)		0.088 (0.112)		0.064 (0.113)
控制变量	Yes	Yes	Yes	Yes	Yes	Yes	Yes	Yes
企业固定效应	Yes	Yes	Yes	Yes	Yes	Yes	Yes	Yes
省份—年份 固定效应	Yes	Yes	Yes	Yes	Yes	Yes	Yes	Yes
组内 R^2	0.193	0.203	0.850	0.854	0.482	0.482	0.346	0.346
样本数	19703	19697	19712	19712	21881	21881	21881	21881

注：*、**、***分别表示回归系数在10%、5%和1%水平上显著；括号内为省级层面聚类标准误。

6.5 ▶ 进一步的证据：基于 GPSM 方法的检验

在上文政策变量识别中，以是否为试点企业检验了"营改增"的要素配置效应。虽然这一策略能够较好地判断政策的净效应，但是无法观测税负压力对要素配置扭曲的直接影响。为了对"营改增"的要素配置效应提供论据支撑，本章以流转税税负衡量企业税负压力程度[①]，采用广义倾向得分匹配方法（General Propensity Score Matching，GPSM）检验税负压力与要素配置扭曲之间的因果关系（Kluve et al.，2012）。由于"营改增"政策直接影响增值税和营业税税目（范子英和彭飞，2017；Peng et al.，2021），并且税负压力主要来自企业实际承担了多少税负（张瑶和朱为群 2017；李普亮和贾卫丽，2020），故本部分以流转税税负衡量企业税负压力。具体而言，企业为了降低税负压力，是否会利用要素抵扣范围调整机会，扩大资本要素投入，进而影响要素配置扭曲程度，这是本部分要验证的核心问题。GPSM 方法检验过程如下：

首先，对造成企业税负差异的系统性成因进行控制。以处理变量（流转税税负对数）为因变量（范子英和彭飞，2017；Peng et al.，2021a），匹配变量为自变量[②]，利用极大似然估计方法获取处理变量的广义倾向得分。表 6 - 6 第一步估计结果显示，除资产负债率变量外，其他变量均至少在 5% 水平上显著，表明匹配变量选择较为合理。

其次，本章以要素配置扭曲指数为结果变量，以流转税税负为处理变量，以第一步得到的广义倾向得分作为控制变量，利用 OLS 方法进行第二步估计。第（2）列结果显示，处理变量显著为正，初步表明流转税税负越

[①] 流转税税负越高，意味着企业税负压力越大，反之亦然。
[②] 与本章第四部分选取的控制变量保持一致。

高的企业，扩大资本要素投入有助于减轻税负，改善要素配置扭曲。第（3）列进一步纳入了流转税税负平方项，发现流转税税负与要素配置扭曲之间呈"U型"关系。在最优要素配置效应的右侧，减轻税负压力有助于降低要素配置扭曲；而在最优要素配置效应的左侧，过度追求税负减轻而持续扩大资本要素投入，将会增加扭曲风险。这一结果印证了刘啟仁和黄建忠（2018）的结论。第（4）列检验了流转税税负与要素配置扭曲之间是否存在更高阶的非线性关系，发现流转税税负三次项系数不显著。第（5）列纳入了流转税税负和广义倾向得分的交互项，发现交互项系数也不显著。

最后，以表6-6第（3）列为基准，考察不同区间的处理变量对结果变量的条件期望值。图6-3揭示了流转税税负与要素配置扭曲之间的"U型"关系。具体而言，当企业平均年度流转税纳税额接近158万元$[0.0081/(2 \times 0.0008) = 5.0625]$时，对应的平均资本劳动比（对数）为2.981，在这一水平上，既实现了税负减轻，又实现了最优要素配置。对样本期间上市公司流转税税负进行均值统计发现，有超过95%的企业通过减轻税负压力，降低了要素配置扭曲。但是也有接近5%的企业出现在最优要素配置效应的左侧，这类企业如果为了减轻税负不断扩大资本要素投入，将会增加要素配置扭曲风险[①]。

表6-6 GPSM检验：第一步和第二步估计结果

第一步估计		第二步估计		
变量	（1）	变量	（2）	（3）
企业规模	0.861*** （0.006）	流转税税负三次项		
企业年龄	0.003** （0.001）	流转税税负平方项		0.001*** （0.000）

① 图6-2和图6-3是平均意义上的结果，不代表所有企业都按照这一最优区间配置生产要素。政策含义表明，在企业利润最大化或成本最小化约束目标下，要素抵扣范围调整不一定使得企业做出最优要素配置决策，持续降低要素配置扭曲需要优化税收政策。

续表

第一步估计		第二步估计		
变量	（1）	变量	（2）	（3）
资产收益率	5.185*** （0.134）	流转税税负	0.006*** （0.001）	−0.008*** （0.003）
资产负债率	0.056 （0.045）	广义倾向得分三次项		
产权属性	0.064*** （0.018）	广义倾向得分平方项		0.410*** （0.109）
固定资产占比	0.732*** （0.050）	广义倾向得分	−0.001 （0.010）	−0.143*** （0.049）
样本数	21620	流转税税负×广义倾向得分		
		调整 R^2	0.006	0.009
		样本数	21620	21620

注：*、**、***分别表示回归系数在10%、5%和1%水平上显著；括号内为省级层面聚类标准误。

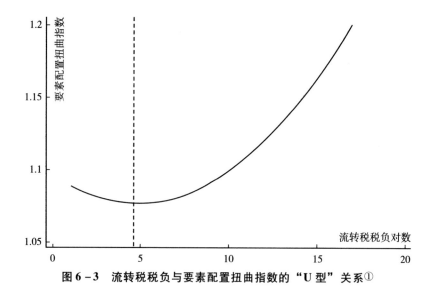

图6-3 流转税税负与要素配置扭曲指数的"U型"关系①

———————

① 图中横坐标为自然对数表示。

6.6 ▶ 小结

　　税收制度是影响企业要素配置行为的重要因素，本章基于要素抵扣范围调整的视角，利用 DID 方法考察了"营改增"的要素配置效应。经过研究发现：（1）从平均效应来看，"营改增"政策释放了资本需求，降低了企业要素配置扭曲。（2）从动态效应来看，"营改增"的要素配置效应呈"U 型"特征，在改革后第 3 年实现最优要素配置效应。（3）从形成机制来看，资本要素抵扣范围调整刺激了企业资本要素持续投入，虽然减轻了税负压力，但是扩大了要素配置扭曲风险。反事实检验结果发现，由于"营改增"政策未涉及劳动要素的税收激励，所以劳动扭曲没有呈现显著改善效果。（4）采用 GPSM 方法进一步发现，流转税税负与要素配置扭曲之间存在"U 型"关系，意味着企业为了减轻税负而持续扩大资本要素投入，将会偏离最优要素配置。

第 7 章

"营改增"与企业升级：税制驱动
抑或税制扭曲

7.1 ▶ 引言

随着经济全球化趋势不断增强，各国企业都面临市场竞争压力（Humphrey & Schmitz，2002），推动转型升级成为企业提升竞争力的最佳途径（Giuliani et al.，2005）。因此，企业升级是世界各国尤其发展中国家普遍关心的现实难题。汉佩尔·米拉格罗萨（Hampel‑Milagrosa，2014）以菲律宾为例分析了东南亚国家企业升级现状，发现菲律宾中小微企业数量占比99.3%，但仅贡献了总增加值的25%左右。汉佩尔·米拉格罗萨等（Hampel‑Milagrosa et al.，2015）探讨了埃及、印度和菲律宾中小微企业升级困难的主要原因，发现这些国家在人力资本配置、研发投入、全球价值链嵌入等方面的能力普遍滞后。与此同时，分工不足、创新不强、要素配置效率低等也是发展中国家企业升级的主要瓶颈（Giuliani et al.，2005；Moll，2014）。

为了积极应对全球金融危机，提振企业投资能力，推动企业转型升级，税收政策被视为重要工具在世界各国政府得到广泛实践，受到学界的广泛关注。布拉施等 （Brasch et al.，2021) 考察了税收抵免政策对研发投资和宏观经济的影响，发现税收抵免通过降低研发资本成本提高了生产率，并且促进了总产出、实际工资和消费增长。兹威克和马翁 （Zwick & Mahon，2017) 发现，投资加速折旧税收政策降低了企业税收成本，扩大了企业投资，且小型企业资本投资反应尤为明显。格默尔等 （Gemmell et al.，2016) 基于德国 2001 年税收改革政策发现，降低企业所得税税率显著提升了小型企业生产率。帕森斯 （Parsons，2011) 认为减税激励有助于刺激企业创新，而生产率下滑的主要原因在于缺乏创新，因此，提升创新水平应优化税收政策设计。

与这些研究普遍关注发达国家不同，中国取得突出的经济成就，背后离不开税制改革的推动作用。在中国税制结构中，企业是最主要的纳税主体，以增值税为核心的流转税又是企业负担的主要税种，因此，增值税改革对企业行为及绩效、投资与经济增长等宏微观方面产生重要影响 （Liu & Li，2015；Zhang et al.，2018；Liu & Mao，2019)。为了消除制造业和服务业税制差异造成的重复征税，2012 年，中国开始在部分地区服务业开展了 "营改增" 试点。此后，产业税制由分设走向统一，延伸了增值税抵扣链条，理论上有助于减轻税收负担 （龚强等，2016；李艳艳等，2020)、促进专业化分工 （陈钊和王旸，2016；Peng et al.，2022)、增强创新能力 （Rao，2016；袁建国等，2018；毛捷等，2020)、提升要素配置效率 （Su et al.，2021)。就此而言，"营改增" 对企业升级能够起到税制驱动的作用。

然而，在 "营改增" 试点实践中，还存在较大的税制扭曲风险。一方面，资本要素和劳动要素税收待遇存在差异，扩大了对资本要素的税收激励，降低了资本对劳动要素的相对价格，可能会弱化企业自主创新和人力资本培育动力 （Cai & Harrison，2018)。另一方面，"双轨" 制的增值税设计 （一般纳税人和小规模纳税人) 不利于营造公平竞争的市场环境。在 "营改增" 试点中，所有行业均无法自主开具增值税专用发票，也不能参与进项抵扣，这就增加了小规模纳税人的贸易成本和创新成本①。再一方面，多档税率设计增加了产业间贸易的抵扣难度，提高了部分行业的税负成本，损害了增值税中性原则。就此而言，"营改增"可能还存在诸多税制扭曲风险。

现有企业升级理论和相关研究难以回答这一重大税制实践是否有利于企业升级。本章基于 2009 ~ 2017 年中国民营上市公司数据，采用双重差分法评估了"营改增"对企业升级的影响。结果发现，这一税制改革显著促进了企业升级。从企业股权性质来看，这一效应在非国有企业中非常显著，对国有企业没有显著效果。从升级对象来看，"营改增"显著促进了以增加值为核心的企业质量升级，但是对以全要素生产率为核心的效率升级尚未充分发挥作用。从作用机制来看，"营改增"通过减轻税负、深化分工、扩大研发和优化要素配置促进企业升级。

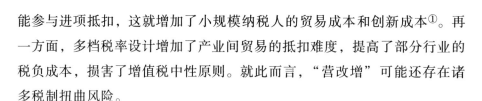

7.2 ▶ 制度背景与研究假说

1994 年分税制改革应运而生，确立了在服务业实行营业税，在制造业实行增值税的并行税制格局，奠定了我国现代财税制度基础。然而，产业间的两税分设增加了制造业与服务业之间产品交换的隐形税制成本，不利于产业间的分工与协作。此外，由于营业税是对商品销售额全额征收，商品每经过一次销售环节就会被征收一次营业税，中间环节越多，重复征税问题越严重。而增值税税制设计则不同，它仅对商品的增值部分进行征税，不会因为商品销售环节的增加而加重税负，有利于产业间以及产业内部的分工深化。在此背景下，扩大增值税征收范围，将原来征收营业税的

---

① 自 2020 年 2 月 1 日起，增值税小规模纳税人自行开具增值税专用发票的范围由 8 个试点行业扩大至所有行业。

行业逐步改征增值税，对于消除重复征税、促进产业分工、驱动经济增长具有重要现实意义。

2011年11月16日，财政部、国家税务总局联合下发《营业税改征增值税试点方案》。2012年1月1日，上海市在交通运输业和部分现代服务业（"1+6"行业）① 率先进行了"营改增"试点。同年9月1日起，试点的"1+6"行业由上海市分批扩大至北京市（2012年9月1日）、江苏省和安徽省（2012年10月1日）、福建省、广东省和天津市（2012年11月1日）、浙江省和湖北省（2012年12月1日）。次年8月1日，"1+6"行业扩围到全国所有地区。2014年1月1日，铁路运输业和邮政业在全国范围内纳入试点，6月1日，电信业被纳入试点范围。2016年5月1日起全面实施"营改增"，将试点范围扩展到建筑业、房地产业、金融业及生活服务业。图7-1报告了"营改增"试点进程。

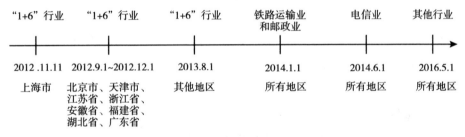

图 7-1 "营改增"试点进程

税制统一可能通过消除重复征税（龚强等，2016；李艳艳等，2020），加快制造业与服务业的分工与融合（范子英和彭飞，2017；Peng et al.，2021a），增加研发投入（袁建国等，2018；毛捷等，2020），改善要素配置效率（孙正和陈旭东，2018；黄策等，2020；Su et al.，2021），对企业升级产生促进作用。具体来说，"营改增"之前，制造业所需的劳

---

① 1表示交通运输业（除铁路运输业），6表示现代服务业，包括研发和技术服务、信息技术服务、文化创意服务、物流辅助服务、有形动产租赁服务、鉴证咨询服务。

务服务、技术服务、交通运输服务等均不能获得抵扣，企业以含税的价格进行生产，相当于增加了企业税负成本，不利于企业改善要素配置。"营改增"之后，制造业企业生产经营所必需的服务活动都能够获得抵扣，这就有利于降低企业税负，改善资源配置效率，为制造业企业升级提供驱动路径。税制统一同样对服务业带来了资源配置效率的提升，降低了长期以来服务业以含税价格购入制造业固定资产的税制成本，也为服务业企业升级提供了驱动路径。基于以上分析，提出以下研究假设：

假设7-1："营改增"显著促进了企业升级。

虽然理论上服务业和制造业的税制统一能够发挥税制驱动作用。但是，既有的税制设计也可能存在税制扭曲风险。首先，过于复杂的增值税税率，破坏了增值税中性原则，造成全要素生产率损失（陈晓光，2013；Chen，2017；刘柏惠等，2019）。其次，增值税一般纳税人和小规模纳税人并行的税制设计可能也会造成效率损失。与增值税一般纳税人不同，小规模纳税人适用于简易征收办法，一般按3%或5%征收率计征，割裂了不同纳税人之间的分工贸易联系，弱化了公平有序的市场竞争环境（庞凤喜和凌瑜明，2015；Fang et al.，2017）。最后，延续制造业消费型增值税的税制设计，鼓励物资资本要素进项抵扣，虽然研发投资纳入了进项抵扣，但是抵扣标准相对固定资产投资较低，与此同时人力资本要素尚未纳入抵扣，可抵扣范围的税制设计导致企业间增值税税负存在较大差异（倪娟等，2019）。蔡和哈里森（Cai & Harrison，2014）的研究发现，资本偏向型的增值税设计降低了资本对劳动的相对价格，显著提高了企业资本投资强度，降低了劳动投入比例。

内生经济增长理论认为，资本深化不等于技术进步，决定经济增长的关键要素在于人力资本和技术进步。然而，"营改增"实质上激励的是物资资本要素，鼓励增加中间投入进项抵扣，可能会对企业升级造成不利影响：一是既有的增值税抵扣机制，忽视了人力资本作用，由于自主创新所需人力资本投入无法进行抵扣，弱化了劳动相对于资本的市场地位。二是既有的税制设计扩大了规模扩张和技术引进成本的确定性和相对成本优势，无法刺激自主创新。中国经济增长与宏观稳定课题组（2010）指出，如果购买机器设备和实物资产产权交易获得的"实物经营租金"大于人力资本、研发、无形资产投资等获得的"技术创新租金"，可能就会导致企业选择购买设备、技术引进而不是选择自主创新。就此角度而言，要素税收价格相对变化可能也会影响到企业升级路径。基于以上分析，提出以下研究假设：

假设 7 - 2："双轨"纳税人、多档税率、资本偏向等税制设计，使得"营改增"具有较大的税制扭曲风险，从而不利于企业升级。

7.3 ▶ 实证设计

7.3.1　数据来源与处理

本章研究对象是 2009~2017 年中国上市公司数据，数据来源于 Wind 数据。企业增加值率测算所需教育费附加信息根据企业年报手工整理得到。为了保证结论的准确性，对数据作出以下筛选与处理：（1）排除 2009 年之前的样本，以避免其他相关政策冲击，如 2004~2008 年增值税转型试点和 2008 年企业所得税改革；（2）保留制造业和服务业企业，排除批发零售业、农林牧渔业、采矿业；（3）由于国有企业面临预算软约束且对资本成本变化的敏感程度相对较弱，所以在基准回归中以非国有企业为研究对象。在异质性分析中对国有企业和非国有企业的差异作出检验；（4）删除教育费附加及其费率信息披露不全的样本，包括年度财务报告未披露和年报缺失报告教育费附加信息的公司。经过删减处理，当以质量升级为研究对象时，共得到 13745 个企业样本；以效率升级为研究对象时，共得到 13921 个企业样本。

7.3.2 企业升级衡量

主流企业升级理论认为，产品附加值提高是企业升级的本质体现（Gereffi，1999）。在此基础上，沃霍根（Verhoogen，2008）提出了质量升级概念，利用墨西哥普埃布拉大众工厂的例子说明了质量升级的内涵和过程，将质量升级定义为，随着企业出口产量的增加，高质量产品所占的份额快速增加。因此，越来越多的学者认为，只要提升企业产品和服务的附加值，就可以实现企业升级（Giuliani et al.，2005；Gereffi & Lee，2016）。基于此，本章利用企业增加值衡量质量升级。

企业升级理论另一代表性观点认为，企业升级主要是通过创新提升生产效率。汉弗莱和施密茨（Humphrey & Schmitz，2002）定义企业升级为依靠知识或者劳动增长，实现企业生产效率提高的过程。李永友和严岑（2018）认为无论企业在产品或产业价值链上发生怎样的变化，最终都会在企业生产率上得到体现。阿尔腾堡等（Altenburg et al.，2017）认为企业升级的前提是企业从停滞状态向增加收入、提高生产率和就业增长的过程。基于此，本书以全要素生产率反映企业效率升级。

va 表示企业增加值，采用工业增加值的对数值衡量。企业增加值根据税金及附加费、增值税、营业利润、折旧以及支付给职工以及为职工支付的现金估算。由于上市公司未披露实缴增值税额，故借鉴范子英和彭飞（2017）、彭等（Peng et al.，2021a）的做法，使用教育费附加及其费率倒推企业实际流转税额。

tfp 表示企业全要素生产率。莱文森和佩特兰（Levinsohn & Petrin，2003）和奥利和佩克斯（Olley & Pakes，1996）分别提出了被广泛采用的 LP 和 OP 方法。然而，莱文森和佩特兰（Levinsohn & Pertin，2003）认为，使用中间投入而非投资（Olley & Pakes，1996）作为生产率变化的代理变量更具有可行性。投资不能完全反映生产率变化，因为并非所有公司每年都有新增投资。因此，本书以 LP 方法作为测算的基础，以 OP 方法作为稳健性检验。测算公式如下：

$$Y_{it} = TFP_{it} \times (K_{it}^{\beta_k} L_{it}^{\beta_l} M_{it}^{\beta_m}) \tag{7-1}$$

其中，使用营业收入、固定资产净额、员工总数以及购买商品接受劳务支付的现金分别衡量企业的产出 Y、资本 K、劳动 L 和中间投入 M，所有价值变量均取自然对数。在此基础上可测度资本、劳动和中间投入的产出弹性 β_k、β_l、β_m，代入式（7-1）可得到不同年度的企业 tfp。

7.3.3　模型构建

本章将基于"营改增"分地区、分行业逐步展开的"准自然实验"，以试点企业为处理组，非试点企业为对照组，评估"营改增"对企业升级的影响。具体而言，以增加值和全要素生产率作为被解释变量，分别反映企业质量升级和效率升级。具体模型构建如下：

$$Upgrading_{it} = \alpha + \beta \times reform_{jpt} + \gamma X_{it} + \eta_{jt} + \sigma_{pt} + \delta_i + \varepsilon_{it} \tag{7-2}$$

其中，$Upgrading_{it}$ 表示企业升级指标，分别由工业增加值 va 和全要素生产率 tfp 表示。$reform_{jpt}$ 表示 j 省份和 p 行业在试点之后取值为 1，在试点之前取值为 0。这里根据企业年度主营业务行业（新证监会细分行业）和所属城市，判断企业是否受到"营改增"的影响。由于"营改增"改革延长了制造业的抵扣链条，直接影响到产品销售范围和对中间投入品的需求，所以将制造业企业也视为处理组（陈钊和王旸，2016；彭飞等，2020）。β 等价于 DID 的交互项，表示"营改增"会使试点企业的升级指数平均变化 β%。

参照相关研究的做法，控制如下可能影响企业升级的因素：企业规模、企业年龄、盈利能力、流动比率、固定资产比率。此外，δ_i 表示企业固定效应，用于控制企业间的固有差异，η_{jt} 表示省份—年份固定效应，用于控制省份内的时间趋势差异，σ_{pt} 表示行业—年份固定效应，用于控制行业内的时间趋势差异，ε_{it} 是随机误差项，i 表示企业，t 表示年份。

为了进一步分析"营改增"对企业升级的动态效应，借鉴刘和毛（Liu & Mao，2019）、李等（Li et al.，2016）的做法，建立以下模型估计政策实施不同年度的政策效应：

$$\text{Upgrading}_{it} = \alpha + \beta_k \times \sum_{k=3+}^{k=-5+} D_{jp}^k + \gamma X_{it} + \eta_{jt} + \sigma_{pt} + \delta_i + \varepsilon_{it} \qquad (7-3)$$

其中，D^{-5+}、D^{-4}、D^{-3}、D^{-2}、D^{-1}、D^1、D^2、D^{3+} 分别表示改革前 5 年及之前（before5plus）、改革前 4 年（before4）、改革前 3 年（before3）、改革前 2 年（before2）、改革前 1 年（before1）、改革后 1 年（after1）、改革后 2 年（after2）、改革后 3 年及之后（after3plus）。换而言之，当试点省份 j 和行业 p 处于改革前的 k 年时，D^{-k} 取值为 1；当试点省份 j 和行业 p 处于改革后的 k 年时，D^k 取值为 1，其他均取值为 0。为了避免共线性问题，以改革前 1 年（before1）为基准。其余变量定义同式（7-2）。表7-1 报告了变量定义与均值统计。

表 7-1   变量定义与均值统计

变量符号	变量定义	总体	改革之前	改革之后
va	以增加值的对数值衡量	10.429	10.208	10.532
tfp	采用 LP 方法测算的全要素生产率	6.410	6.238	6.487
reform	"营改增"政策变量	0.681	0.000	1.000
size	企业规模，员工数量的自然对数	7.217	7.003	7.315
age	企业年龄	16.667	15.081	17.408
fixed_assets	固定资产与总资产之比	0.189	0.177	0.195
roa	利润总额与营业收入之比	0.909	2.634	0.106
lev	流动资产与流动负债之比	3.407	3.888	3.188

7.4 ▶ 实证结果

7.4.1 基准回归结果

1. 质量升级。

基于模型（7-2），利用 DID 方法检验了研究假设 7-1，即考察"营改增"对企业升级究竟产生了驱动效果还是扭曲效果。首先，重点关注以增加值定义的质量升级。表 7-2 报告了"营改增"对企业质量升级的平均效应。第（1）列结果显示，在不控制其他相关因素的条件下，"营改增"对企业升级的影响显著为正，初步验证了假设 7-1 的正确性。第（2）列纳入影响企业升级而与处理变量不相关的控制变量后，发现 reform 系数依然显著①。第（3）列纳入了全部控制变量，基准结论依然成立。最后一列还考察了不纳入行业—年份固定效应的回归结果，发现不会影响 reform 变量的显著性。为了降低可能存在的遗漏变量风险，本章回归结果均控制了企业固定效应、省份—年份固定效应以及行业—年份固定效应。

表 7-2　　　　　　　"营改增"和企业质量升级：基准回归结果

变量	va			
	（1）	（2）	（3）	（4）
reform	0.305 ** （0.125）	0.285 *** （0.098）	0.323 *** （0.099）	0.087 *** （0.030）
size		0.596 *** （0.029）	0.590 *** （0.028）	0.599 *** （0.028）

---

① 经回归检验，lev 变量与"营改增"reform 变量有一定相关性，但不影响回归结论。

续表

变量	va			
	（1）	（2）	（3）	（4）
age		−0.034 （0.038）	−0.110 *** （0.041）	0.083 * （0.047）
fixed_assets		−0.825 *** （0.165）	−0.830 *** （0.171）	−0.932 *** （0.193）
roa		0.050 *** （0.017）	0.052 *** （0.018）	0.051 *** （0.017）
lev			−0.003 ** （0.001）	−0.004 ** （0.002）
常数	7.974 *** （0.397）	8.101 *** （0.568）	8.845 *** （0.582）	4.840 *** （0.610）
企业固定效应	YES	YES	YES	YES
省份—年份固定效应	YES	YES	YES	YES
行业—年份固定效应	YES	YES	YES	NO
With − R^2	0.382	0.562	0.561	0.547
样本数	13745	13696	13481	13481

注：* 、** 、*** 分别表示回归系数在10%、5%和1%水平上显著；括号内为标准误。

2. 效率升级。

基于质量升级基准回归的类似逻辑，这里考察了"营改增"对以全要素生产率为表征的效率升级的影响。表7-3第（1）列~第（4）列结果显示，无论是否纳入控制变量，"营改增"都显著提高了企业全要素生产率，促进了企业效率升级。值得关注的是，质量升级情形下reform变量的回归系数和显著性都明显高于效率升级，说明"营改增"对企业质量升级的影响在经济意义和统计意义上都比企业效率升级效果更为明显。

表 7 – 3   "营改增"和企业效率升级：基准回归结果

变量	tfp			
	(1)	(2)	(3)	(4)
reform	0.127 ** (0.049)	0.127 ** (0.055)	0.150 ** (0.061)	0.037 ** (0.017)
size		0.202 *** (0.019)	0.195 *** (0.019)	0.199 *** (0.019)
age		– 0.082 ** (0.038)	0.074 * (0.038)	0.080 *** (0.021)
fixed_assets		– 0.653 *** (0.128)	– 0.703 *** (0.133)	– 0.784 *** (0.150)
roa		0.003 *** (0.000)	0.003 *** (0.000)	0.003 *** (0.000)
lev			– 0.005 ** (0.002)	– 0.005 ** (0.002)
常数	5.800 *** (0.483)	6.581 *** (0.685)	3.740 *** (0.651)	3.883 *** (0.278)
企业固定效应	YES	YES	YES	YES
省份—年份固定效应	YES	YES	YES	YES
行业—年份固定效应	YES	YES	YES	NO
With – R^2	0.355	0.427	0.431	0.404
样本数	13921	13921	13920	13920

注：*、**、*** 分别表示回归系数在 10%、5% 和 1% 水平上显著；括号内为标准误。

7.4.2 平行趋势和动态效应

1. 事件分析法。

DID 方法对平行趋势的要求是结论成立的重要前提。此外，分步实施的试点政策不可避免地破坏了增值税链条的完整性。因此，有必要从时间趋势上考察"营改增"对企业升级的动态效应。具体来说，随着试点范围的扩大，增值税链条不断趋于完整，这一税制优化能否产生更加显著的升级效果还有待检验。

基于模型（7-3），以改革前一年（before1）为基准，图7-2检验了"营改增"对企业升级的动态效应。研究发现，在试点之前，"营改增"

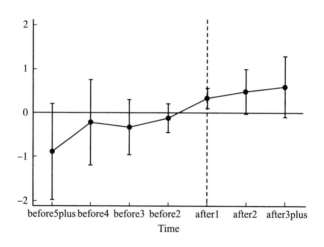

（a）质量升级

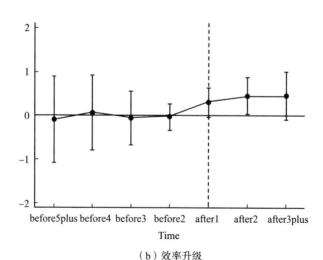

（b）效率升级

图7-2 事件分析法：质量升级和效率升级

对企业质量升级和效率升级的边际效应在 0 附近，经济意义和统计意义均不显著，满足 DID 方法对平行趋势假设的基本要求。但是，与质量升级不同，效率升级不具有长期效应，说明 "营改增" 对全要素生产率的促进效果尚未充分发挥作用，这与前文分析一致，为假设 7 - 2 提供了间接证据。可能是因为，一方面，研发投资转化为生产率和产出需要较长的时间周期；另一方面，现行增值税税制设计仍然存在 "双轨" 制纳税人、多档税率、资本偏向性等多重税收扭曲风险，为税制优化留有较大的政策空间。

2. 条件平行趋势检验。

借鉴安格里斯特和皮施克（Angrist & Pischke，2014）的做法，在基准模型中纳入省份—行业的时间趋势变量来检验平行趋势假设。该方法允许 "营改增" 改革在不同的地区和行业有不同的变化趋势，从而控制了对照组和处理组在省份、行业和省份—行业不同维度的时间趋势差异。表 7 - 4 回归结果表明，reform 变量的回归系数及其显著性与基准回归结果均非常接近，证实了基准回归结论的可靠性。

表 7 - 4　　　　　　　　　　条件平行趋势

变量	va	tfp
	common trend	common trend
	(1)	(2)
reform	0. 344 *** (0. 089)	0. 180 *** (0. 052)
常数	5. 220 *** (0. 996)	4. 408 *** (0. 554)
控制变量	YES	YES
企业固定效应	YES	YES
省份—年份固定效应	YES	YES
行业—年份固定效应	YES	YES
省份—行业—时间趋势	YES	YES

续表

变量	va	tfp
	common trend	common trend
	（1）	（2）
With $-R^2$	0.581	0.469
样本数	13481	13920

注：* 、** 、*** 分别表示回归系数在10%、5%和1%水平上显著；括号内为标准误。

7.4.3　异质性分析

本章还考察了"营改增"对不同股权性质企业的企业升级效应，为全面促进企业升级指明了税制优化方向。回归结果如表7-5所示，"营改增"总体上促进了企业升级，但这一效应主要集中在非国有企业，这与已有研究结论相近（Zhang et al.，2018；Zou et al.，2019；Liu & Mao，2019）。可能是因为，其一，利润最大化不是国有企业的唯一目标，履行社会责任也是其行为决策的重要目标，受到各级政府的干预较强，面临"预算软约束"的较大影响（Qian，1994；Lin et al.，1998）。其二，国有企业和非国有企业对资本税收成本变化的敏感程度不同。"营改增"之后，资本税收成本变得便宜，相较于国有企业，非国有企业对资本税收成本反应更为敏感，当资本成本下降时，非国有企业追加投资、扩大分工、改善要素配置的反应更加迅速，从而有助于促进企业升级（Zhang et al.，2018）。

表7-5　　　　　　　　异质性分析：国有企业与非国有企业

变量	va			tfp		
	总体	非国有	国有	总体	非国有	国有
	（1）	（2）	（3）	（4）	（5）	（6）
reform	0.180 ** (0.076)	0.323 *** (0.099)	−0.054 (0.081)	0.157 * (0.090)	0.150 ** (0.061)	0.001 (0.111)

续表

变量	va			tfp		
	总体	非国有	国有	总体	非国有	国有
	（1）	（2）	（3）	（4）	（5）	（6）
常数	5.365***	8.835***	6.972***	4.799***	3.738***	8.338***
	（0.313）	（0.579）	（0.878）	（0.447）	（0.651）	（1.057）
控制变量	YES	YES	YES	YES	YES	YES
企业固定效应	YES	YES	YES	YES	YES	YES
省份—年份固定效应	YES	YES	YES	YES	YES	YES
行业—年份固定效应	YES	YES	YES	YES	YES	YES
With $-R^2$	0.505	0.561	0.419	0.241	0.431	0.342
样本数	20137	13481	6656	20730	13920	6810

注：*、**、***分别表示回归系数在10%、5%和1%水平上显著；括号内为标准误。

7.5 ▶ 稳健性检验

7.5.1 安慰剂检验

考虑到"虚拟的"处理组设计存在一定的主观选择风险，这里采用随机生成的试点行业、试点地区和试点时间（Liu & Lu，2015），检验"营改增"对企业升级的影响是否依然存在。图 7-3 展示了 500 次蒙特卡洛模拟得到的估计系数分布，垂直的实线表示的是"真实"的估计系数（分别为 0.323 和 0.150）。结果显示，模拟的回归系数服从正态分布且均值接近于 0，远低于真实估计系数，说明样本抽样差异或者未观测的因素几乎不会对基准回归结果产生影响。

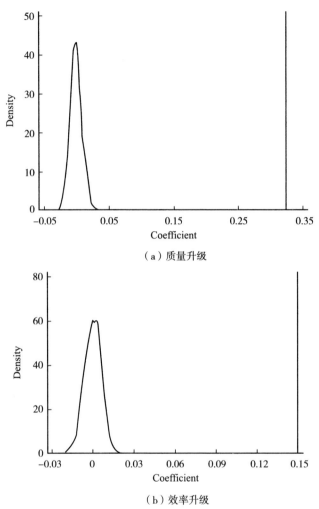

（a）质量升级

（b）效率升级

图 7 – 3 蒙特卡洛模拟的回归系数分布

7.5.2 样本选择问题

为了进一步解决研究中的样本选择问题，倾向得分匹配—双重差分模型（PSM – DID）提供了一种可靠的检验思路。具体来说，以是否是试点企业为被解释变量，以企业规模、年龄、盈利能力、流动比率、固定资产比率为匹配变量，并控制省份—年份固定效应，采用 Logit 模型回归得到企业倾向得分。在考虑样本选择问题后，平均处理效应（ATT）均显著为正，说明"营改增"改革的确促进了企业质量和效率升级，这与本章基准结论是一致的。为了避免控制变量与处理变量存在相关性并受其影响，对控制变量的时间趋势进行控制（Li et al.，2016）。采用控制变量与年份哑变量的交乘项来控制控制变量的时间趋势。结果依然显示，"营改增"显著促进了企业升级。同时还纳入了更为灵活的时间趋势假定，进一步将时间趋势的 1~3 阶项与控制变量进行交乘，结论依然稳健[①]。

7.5.3　其他稳健性检验

替换被解释变量。具体来说，以增加值占总资产的比重衡量质量升级，以 OP 方法重新测度的 tfp 衡量效率升级。结果显示，企业升级衡量方式不会影响基准回归结果的可靠性。考虑到企业进入或退出行为会影响企业质量升级和效率升级结果，产生样本选择问题，对此，排除企业进入退出样本后，结论依然稳健。此外，由于建筑业在 2016 年纳入试点，该行业与服务业的产业属性存在较大差异，排除建筑业样本后，结果显示，同样不会对基准回归结果造成显著冲击[②]。

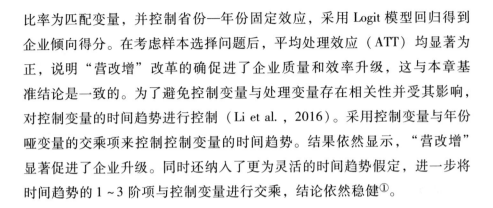

7.6 ▶ 机制讨论

除了评估"营改增"的政策效应外，探究"营改增"促进企业升级的作用路径同样非常重要。由于制造业和服务业在分工、税负、研发以及要素配置等方面存在结构性差异，改革效果可能存在相互抵消的风险，因

---

①②　限于篇幅，未报告该部分回归结果，留存备索。

此，本书借鉴刘和陆（Liu & Lu，2015）、兹威克和马翁（Zwick & Mahon，2017）、姜付秀等（2019）等做法，在不改变基准条件下进行分组机制检验。这里根据机制变量大小划分为三组，以最大和最小的两组为对象进行检验。

1. 减税机制。

以教育费附加逆推的流转税额占增加值的比重衡量税负水平（Fang et al.，2017；李永友和严岑，2018）。表 7 - 6 结果显示，无论是质量升级还是效率升级，对于税负较低的组别，reform 变量均在 1% 的水平上显著为正，而对于税负较高的组别，reform 变量均不显著。结果说明，相较于税负较高的企业，在税负较低的企业中，"营改增"发挥了更大的作用（范子英和彭飞，2017；毛捷等，2020；谢获宝和惠丽丽，2021）。

表 7 - 6 路径 1：减税

变量	va		tfp	
	Low	High	Low	High
	（1）	（2）	（3）	（4）
reform	0.948 *** （0.238）	0.003 （0.129）	0.428 *** （0.124）	0.125 （0.081）
常数	3.935 *** （0.369）	2.723 ** （1.041）	5.770 *** （0.612）	4.128 *** （0.880）
控制变量	YES	YES	YES	YES
企业固定效应	YES	YES	YES	YES
省份—年份固定效应	YES	YES	YES	YES
行业—年份固定效应	YES	YES	YES	YES
With - R^2	0.717	0.619	0.492	0.470
样本数	4171	4672	4460	4824

注：*、**、*** 分别表示回归系数在 10%、5% 和 1% 水平上显著；括号内为标准误。

2. 研发投入机制。

在"营改增"之前，只有在制造业部门的固定资产投资才能进项抵扣，在"营改增"试点之后，研发投资纳入了进项抵扣范围，自 2016 年 5 月起，无形资产投资也纳入进项抵扣范围。表 7 - 7 结果显示，对于研发投入较高的组别，reform 变量在 1% 的水平上显著为正，而对于研发投入较低低的组别，reform 变量均不显著。说明"营改增"带来的企业升级效果是由研发投入较高的企业所驱动。以上结果表明，"营改增"通过扩大研发投入促进了企业升级。

表 7 - 7   路径 2：研发投入

变量	va		tfp	
	Low	High	Low	High
	（1）	（2）	（3）	（4）
reform	0.094 （0.077）	0.510 *** （0.175）	0.052 （0.135）	0.257 *** （0.090）
常数	4.399 *** （0.854）	3.864 ** （1.480）	3.663 *** （0.358）	5.480 *** （0.505）
控制变量	YES	YES	YES	YES
企业固定效应	YES	YES	YES	YES
省份—年份固定效应	YES	YES	YES	YES
行业—年份固定效应	YES	YES	YES	YES
With - R^2	0.691	0.594	0.497	0.440
样本数	3281	6868	3386	7149

注：R&D 表示企业创新，以研发投资的对数值衡量；*、**、*** 分别表示回归系数在 10%、5% 和 1% 水平上显著；括号内为标准误。

3. 分工机制。

税制统一能否加快制造业与服务业的分工与协作，是本书关心的第三个机制。一般而言，在企业营业收入构成中，主营业务收入占比越高，专业化分工程度越高。基于此，以企业前三大主营业务收入占总资产的比重进行衡量，考察"营改增"对企业专业化分工的影响。表7-8结果显示，以企业质量升级为被解释变量时，分工程度不同的两组回归中均显著，但是在分工程度较高的组别，回归系数和显著性都明显高于分工较低的组别。在以企业效率升级为被解释变量时，对于分工程度较高的组别，reform 变量均显著为正，而分工程度较低的组别，reform 变量不显著。基于此，证据表明，分工深化是"营改增"推动企业升级的作用路径之一。

表7-8 路径3：分工

变量	va		tfp	
	Low	High	Low	High
	（1）	（2）	（3）	（4）
reform	0.246* （0.135）	0.429*** （0.113）	-0.005 （0.083）	0.188** （0.094）
常数	5.048*** （0.583）	2.991*** （0.625）	3.469*** （0.602）	4.684*** （0.462）
控制变量	YES	YES	YES	YES
企业固定效应	YES	YES	YES	YES
省份—年份固定效应	YES	YES	YES	YES
行业—年份固定效应	YES	YES	YES	YES
With-R^2	0.571	0.709	0.406	0.617
样本数	4176	4657	4453	4723

注：*、**、***分别表示回归系数在10%、5%和1%水平上显著；括号内为标准误；分工1采用前三大主营业务收入占总资产的比重进行衡量。

4. 要素配置机制。

税制统一能否通过优化产业间与产业内要素配置实现企业升级，是检验本书结论成立的第四个重要机制。合理测度企业要素配置是揭示这一机制的必要基础。本书在谢地和克莱诺（Hsieh & Klenow, 2009）、陈

（Chen，2017）的基础上，将生产要素扩展至中间投入，有利于捕捉分工对产出的贡献，对以增进分工为目标的税制改革尤为必要。基于企业利润最大化目标，根据第 6 章的模型（6 - 3），可推理出企业要素配置扭曲指数，如公式（6 - 5）。

表 7 - 9 报告了不同要素配置扭曲分组情形下"营改增"对企业升级的影响。结果显示，在要素配置扭曲程度较低的组别，"营改增"显著促进了企业升级，而在要素配置扭曲程度较高的组别，reform 变量均不显著。结果表明，对于要素扭曲较低的企业，"营改增"对企业升级发挥了更大的促进作用（Su et al.，2021），意味着要素配置优化也是"营改增"促进企业升级的重要路径之一。

表 7 - 9   路径 4：要素配置

变量	va		tfp	
	Low	High	Low	High
	（1）	（2）	（3）	（4）
reform	0.127 * （0.071）	0.366 （0.237）	0.157 ** （0.076）	- 0.009 （0.104）
常数	3.883 *** （0.854）	7.082 *** （0.999）	7.309 *** （0.536）	9.715 *** （0.582）
控制变量	YES	YES	YES	YES
企业固定效应	YES	YES	YES	YES
省份—年份固定效应	YES	YES	YES	YES
行业—年份固定效应	YES	YES	YES	YES
With - R^2	0.738	0.523	0.544	0.437
样本数	4400	4733	4421	5107

注：*、**、*** 分别表示回归系数在 10%、5% 和 1% 水平上显著；括号内为标准误。

7.7 小结

　　企业升级是我国经济高质量发展的重要表现，以"营改增"为核心的供给侧结构性改革能否有效驱动企业升级是本章关心的重要问题。基于"营改增"分步实施为政策实验，利用 DID 方法检验了"营改增"对企业升级具有税制驱动效应还是税制扭曲效应。

　　结果发现，"营改增"显著促进了企业质量升级和效率升级，并且对质量升级的影响具有持续增长趋势。质量升级在企业升级发挥主导地位，而以 TFP 为核心的效率升级尚未充分发挥效果。从股权性质来看，"营改增"对企业升级的影响在国有企业与非国有企业之间存在显著差异。由于预算软约束以及对政策变化的敏感程度不同，与国有企业相比，非国有企业对资本税收成本反应更高，从而当资本成本下降时，非国有企业追加投资、扩大分工、改善要素配置的反应更加迅速，从而企业升级效果更加显著。机制证据表明，"营改增"通过降低税负、扩大研发投资、深化分工以及改善要素配置促进了企业升级。

第8章

助推企业升级的税制优化研究

8.1 ▶ 结论

本书按照"主要难题—制度成因—税制驱动—税制扭曲—税制效果—税制优化"的研究脉络,基于大样本微观企业数据和微观计量评估技术,采用宏微观相结合的分析框架,系统评估了"营改增"对企业升级的作用效果和影响机制,厘清了企业升级过程中的税制驱动和税制扭曲,为提出减轻企业负担、实现企业升级的税制优化建议提供了政策参考。

1. "营改增"对企业非税负担的影响具有"按下葫芦浮起瓢"效应。

减税和降费都是供给侧结构性改革的重要举措,两者效果密切关联。本文基于2006~2016年中国私营企业调查数据,使用三重差分模型考察了"营改增"对企业非税负担的影响。研究发现,"营改增"显著增加了企业的各种规费支出,并且这一效应有增强的趋势,样本期间的涉企收费政策未能充分发挥制约效果。进一步发现,获得减税支持的传统增值税行业,非税负担显著增加,体现了"按下葫芦浮起瓢"的跷跷板效应。非政治关联、中小型和初创型企业,更容易遭受非税负担冲击。进一步发现,企业非税负担比重越高,"营改增"对企业新增投资的挤出越多。机制证据表明，财政压力和非税征管力度上升是"营改增"加重企业非税负担的重要原因。长期来看，深入推进涉企收费管理制度建设，有助于约束地方非税收入征管行为，促进企业转型升级。

2. 降费政策未能切实减轻企业非税负担。

新时代背景下，减税降费被视为供给侧结构性改革和经济高质量发展的重要手段，评估减税降费政策的实施效果具有现实意义。与既有研究普遍关注减税效果不同，本书以省级涉企收费目录清单制度落实为准自然实验，结合2006～2016年中国私营企业调查数据，首次评估了降费政策对企业非税负担的影响。研究发现，在考察期内，由于涉企收费目录清单制度普遍在中央和省级层面落实，同时受非税收入归属的影响，降费政策总体上未能显著降低企业非税负担。但是，由于不同地区降费意愿存在显著差异，降费力度较大的地区，呈现显著的降费效应。此外还发现，在收费项目数量相同的情形下，地方国库收入归属比例高的地区，能够显著降低企业非税负担，说明降费效果取决于降费任务与财政目标之间的矛盾能否实现统一。本书的研究表明，深入推进省级以下涉企收费目录清单制度有助于实现企业减负目标。

3. "营改增"加剧了地方财政压力，弱化了企业污染治理支出。

"营改增"使得地方主体税种（营业税）调整为共享税种（增值税），给地方政府造成了不同程度的财政压力冲击。基于"营改增"分地区试点的准自然试验，采用连续型双重差分模型考察了地方财政压力对企业污染治理支出的影响。研究发现，地方财政压力显著弱化了企业污染治理支出能力，在经过平行趋势、外生性、安慰剂、内生性、样本选择、混合政策因素等全方位的检验后，这一结论依然稳健成立。分区域特征来看，由于东部的政府监管相对充分，所以相对于中西部地区，东部地区私营企业污染治理支出受到的冲击相对较弱。分企业主特征来看，更年轻、受教育程度更高和有行业身份与政治身份的企业主，这一不利效应相对较小。还发现，在财政压力更大、环境监管更宽松和污染治理成本更低的地区，财政压力对企业污染治理支出的冲击更大。机制证据发现，为了应对财政压

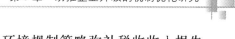

力，地方政府采取加强税收征管、放松环境规制策略弥补税收收入损失，进而弱化了企业污染治理支出。

4. "营改增"优化了企业要素配置，但是存在税制扭曲风险。

优化要素配置是经济高质量发展的重要目标，然而鲜有研究揭示我国要素配置变化的税制成因。基于"营改增"试点的准自然实验，利用倍差法考察了"营改增"的要素配置效应。研究发现，总体上，"营改增"显著降低了企业要素配置扭曲，随着试点范围的扩大，在改革后第3年要素配置效应实现最优。机制表明，资本要素抵扣范围调整刺激了资本要素持续扩张，虽然有助于减轻企业税负能力，但是增加了要素配置扭曲风险。反事实检验发现，由于劳动要素未纳入抵扣范围，没有证据显示劳动扭曲明显改善。采用广义倾向得分匹配方法发现，流转税税负与要素配置扭曲之间呈"U型"关系，进一步表明企业为了减轻税负而不断扩张资本投入，将会偏离最优要素配置。

5. "营改增"促进了企业升级，整体上发挥了税制驱动效果。

本书基于2009～2017年中国上市公司数据，研究了服务业增值税改革对企业升级的影响。研究发现，"营改增"显著促进了企业升级，这一效应在非国有企业中非常显著。分对象来看，"营改增"显著推动了以增加值为表征的质量升级，但是对以全要素生产率为表征的效率升级尚未得到充分发挥。机制分析表明，减轻税负、深化专业化分工、扩大研发投资和优化要素配置是实现企业升级的重要路径。

8.2 ▶ 政策建议

结合"十四五"规划等国家发展战略，立足新时代背景下的企业升级难题，基于研究结论，本书从财税制度优化角度提出助推企业升级的政策建议。

1. 切实减轻企业负担，既要落实减税政策，又要加强降费政策设计。

当前增值税改革正朝着"减并税档"的目标有序推进，然而减税所追求的激励投资、促进分工和优化产业结构等目标，很可能受到非税负担的非预期冲击。为了防止产生"跷跷板"效应，还需要推进全面而又严格的降费制度设计。建议以涉企收费制度建设为抓手，以省级以下涉企收费目录清单制度落实为切入点，完善职能机构监管机制。当前，省级涉企收费目录清单制度已较为成熟，但是对于省级以下的涉企收费管理，仍缺少制度性约束。涉企收费不仅有省级的，还有地级市、县、乡镇的，名目繁多，征收标准复杂，隐蔽性强，也是企业非税负担的主要来源。虽然中央成立了专门的机构加强了对省级涉企收费的监督和管理，但是对于省级以下的涉企收费如何管理，主要由省级政府负责，约束性程度较低，惩罚与激励机制不明确。因此，建议增加省级以下管理机构设置（工信部运行监测协调局），实施非税收入管理改革，强化非税收入征管的独立性，从制度上约束地方政府非税收入征管行为。

2. 加快推进地方税体系建设，从根本上解决央地财政失衡难题。

党的十九大报告指出，"深化税收制度改革，健全地方税体系"。然而，地方税体系建设较为迟缓，虽然环境保护税和水资源税试点被纳入地方税，但是二者在税收结构的地位很弱。增值税是中国第一大税种，随着增值税减税的推进，以制造业为主的中西部地区的税收汲取能力很可能受到更大的影响，这就加剧了地方财政压力风险。因此，在地方税体系尚未健全时期，可从增值税分享比例入手，稳定地方财政预期，以缓解降费的现实瓶颈，约束地方政府税费征管行为和环境治理反应。对此应建立并完善财权与事权相匹配的税收收入分成制度，从根本上缓解地方政府对非税收入的依赖。

3. 加强宏观经济政策和环境政策协同治理，防止冲击企业绿色转型升级。

本书研究发现，"营改增"不仅影响企业经济行为，而且影响企业绿色行为，表明宏观经济政策对企业绿色转型升级存在间接效应。一个重要原因是，地方政府是实施宏观经济政策和环境规制政策的共同主体，宏观经济政策对地方政府财政收入行为产生影响后，就可能引起地方政策环境目标策略性反应。为此，制定宏观经济政策应综合考虑地方政府环境事权和经济事权之间的替代关系。既要保障宏观经济政策的预期经济目标，又要防止对微观主体绿色目标产生不利冲击。因此，加强对地方政府环境行为的监督约束，实现宏观经济政策与环境政策协同治理，不仅有助于实现企业的质量升级和效率升级，而且有助于实现企业的绿色转型。

4. 优化增值税税制设计，化解税制扭曲风险。

近年来，围绕资本要素的税收激励政策对于提振我国经济发挥了重要作用。然而，在关注微观市场主体税负减轻的同时，也应关注资本要素税收激励对要素配置扭曲的影响。为了实现"十四五"规划纲要提出的"矫正资源要素失衡错配"目标，立足增值税制度优化，本书得到如下政策启示：一方面，充分认识降低税负对于优化企业要素配置的积极意义。在我国税制结构中，增值税是第一大税种，企业又是负担增值税的重要主体，在国内外经济增长放缓的背景下，通过降低税收负担进一步激发企业市场活力尚有较大空间。另一方面，优化增值税税制设计，增加劳动要素抵扣范围。在增值税"销项－进项"的核算方式下，受可抵扣范围的限制，企业不断扩大资本要素投入将会弱化要素配置效应。对此，应改变对资本要素的单一激励设计，增加对劳动要素的进项抵扣，例如，在增值税中抵扣企业缴纳的社会保险费（周凤珍和武玲玲，2017）或其他人力资本成本等（倪娟等，2019），既能减轻企业税负压力，又能降低企业对资本要素的投入依赖，进而优化要素配置效应。

5. 发挥增值税减税对培育自主创新的税收激励作用，释放效率升级空间。

在新发展格局背景下，自主创新对促进企业生存发展的重要意义愈加凸显。然而，当前对自主创新的税收激励政策主要围绕企业所得税展开，例如实施研发费用加计扣除、低税率等。这一税收优惠又存在较强的研发门槛和经营绩效限制，难以对企业自主创新产生普惠式的激励效果。与此同时，"销项－进项"的增值税核算方式激励了企业技术服务外包，降低了自主创新意愿，尚未充分发挥效率升级效果。因此，亟需完善自主创新税收激励政策体系，发挥增值税减税对培育自主创新的激励作用，例如对企业自主创新所需的研发投入成本实施增值税加计抵减政策，从而实现自主创新与技术引进协同促进企业升级的创新模式，不仅有助于提升企业自主创新水平，而且有助于释放企业效率升级的政策空间。

参 考 文 献

[1] 白宇飞，杨武建. 转移支付、财政分权与地方政府非税收入规模 [J]. 税务研究，2020 (1)：115-120.

[2] 陈工，洪礼阳. 省级政府非税收入竞争的强度比较与分析——基于财政分权的视角 [J]. 财贸经济，2014 (4)：5-13.

[3] 陈小亮. 中国减税降费政策的效果评估与定位研判 [J]. 财经问题研究，2018 (9)：90-98.

[4] 陈晓光. 增值税有效税率差异与效率损失——兼议对"营改增"的启示 [J]. 中国社会科学，2013 (8)：67-84.

[5] 陈怡安，赵雪苹. 制度环境与企业家精神：机制，效应及政策研究 [J]. 科研管理，2019，40 (5)：90-100.

[6] 陈钊，王旸. "营改增"是否促进了分工：来自中国上市公司的证据 [J]. 管理世界，2016 (3)：36-45.

[7] 程虹，刘三江，罗连发. 中国企业转型升级的基本状况与路径选择——基于570家企业4794名员工入企调查数据的分析 [J]. 管理世界，2016 (2)：57-70.

[8] 樊勇，席晓宇，陈飘飘. 增值税改革、资本和资本有机构成：基于马克思主义政治经济学的视角 [J]. 经济理论与经济管理，2017 (10)：32-44.

[9] 范子英，彭飞. "营改增"的减税效应和分工效应：基于产业互联的视角 [J]. 经济研究，2017，52 (2)：82-95.

［10］高静，韩德超，刘国光．全球价值链嵌入下中国企业出口质量的升级［J］．世界经济研究，2019（2）：73－85.

［11］高培勇，汪德华．本轮财税体制改革进程评估：2013.11－2016.10（上）［J］．财贸经济，2016（11）：5－17.

［12］高勇强，陈亚静，张云均．"红领巾"还是"绿领巾"：民营企业慈善捐赠动机研究［J］．管理世界，2012（8）：106－114.

［13］龚强，王璐颖，蔡东玲．"营改增"对企业创新的影响研究［J］．浙江社会科学，2016（8）：41－47.

［14］谷成，潘小雨．减税与财政收入结构——基于非税收入变动趋势的考察［J］．财政研究，2020（6）：19－34.

［15］谷成，王巍．增值税减税、企业议价能力与创新投入［J］．财贸经济，2021，42（9）：35－49.

［16］郭庆旺．减税降费的潜在财政影响与风险防范［J］．管理世界，2019，35（6）：1－10.

［17］郭月梅，欧阳洁．地方政府财政透明、预算软约束与非税收入增长［J］．财政研究，2017（7）：73－88.

［18］何代欣．"营改增"的政府间收入分配效应——基于税收收入弹性变动的测算与评估［J］．经济社会体制比较，2016（3）：84－93.

［19］胡怡建，田志伟．我国"营改增"的财政经济效应［J］．税务研究，2014（1）：38－43.

［20］黄策，张书瑶，李光武．营业税改征增值税提升了中国上市公司的全要素生产率吗？［J］．世界经济文汇，2020（6）：1－15.

［21］黄冠华，叶志伟，夏誉凤．博士后工作站如何影响企业人力资本升级？［J］．外国经济与管理，2021，43（11）：122－139.

［22］黄科星，莎薇，罗军，林振亮．企业自主创新与转型升级——基于多案例的对比分析［J］．科技管理研究，2021，41（16）：145－151.

［23］黄先海，刘毅群．1985－2010年间中国制造业要素配置扭曲变动的解析——资本结构变动与技术进步的影响分析［J］．经济理论与经济

管理，2013（11）：90 – 101.

[24] 姜付秀，蔡文婧，蔡欣妮，李行天．银行竞争的微观效应：来自融资约束的经验证据 [J]．经济研究，2019，54（6）：72 – 88.

[25] 李成，张玉霞．中国"营改增"改革的政策效应：基于双重差分模型的检验 [J]．财政研究，2015（2）：44 – 49.

[26] 李林木，汪冲．税费负担，创新能力与企业升级——来自"新三板"挂牌公司的经验证据 [J]．经济研究，2017，52（11）：105 – 119.

[27] 李平，付一夫，张艳芳．生产性服务业能成为中国经济高质量增长新动能吗 [J]．中国工业经济，2017（12）：5 – 21.

[28] 李普亮，贾卫丽．中国企业增值税税负压力的形成机理及化解路径 [J]．经济体制改革，2020（3）：144 – 151.

[29] 李维安，徐业坤．政治身份的避税效应 [J]．金融研究，2013（3）：114 – 129.

[30] 李艳艳，徐喆，曲丽泽．营改增的减税效应——基于双重差分模型的检验 [J]．税务研究，2020（8）：19 – 25.

[31] 李永友，严岑．服务业"营改增"能带动制造业升级吗？ [J]．经济研究，2018，53（4）：18 – 31.

[32] 梁若冰，叶一帆．营改增对企业间贸易的影响：兼论试点的贸易转移效应 [J]．财政研究，2016（2）：52 – 64.

[33] 廖红伟，刘永飞．财政压力下"营改增"对产业结构升级的效应研究 [J]．当代经济研究，2021（7）：93 – 104.

[34] 林毅夫．新结构经济学——重构发展经济学的框架 [J]．经济学（季刊），2010（4）：6 – 37.

[35] 刘柏惠，寇恩惠，杨龙见．增值税多档税率、资源误置与全要素生产率损失 [J]．经济研究，2019，54（5）：113 – 128.

[36] 刘啟仁，黄建忠．企业税负如何影响资源配置效率 [J]．世界经济，2018（1）：78 – 100.

[37] 刘蓉，寇璇，徐应越，甘任嘉，陈妍树，李尧. 关于中国非税收入优化的政策建议——基于中美非税收入结构的比较分析 [J]. 财经智库，2017（6）：62 - 75.

[38] 刘蓉，寇璇，周川力. 企业非税费用负担究竟有多重——基于某市企业问卷调查的研究 [J]. 财经科学，2017（5）：124 - 132.

[39] 龙飞扬，殷凤. 制造业投入服务化与出口产品质量升级——来自中国制造企业的微观证据 [J]. 国际经贸探索，2019，35（11）：19 - 35.

[40] 卢洪友，王蓉，余锦亮. "营改增"改革，地方政府行为与区域环境质量——基于财政压力的视角 [J]. 财经问题研究，2019（11）：74 - 81.

[41] 卢洪友，王云霄，祁毓. "营改增"的财政体制影响效应研究 [J]. 经济社会体制比较，2016（3）：71 - 83.

[42] 吕炜，陈海宇. "减税"还需"减费"：非税负担对企业纳税遵从的影响 [J]. 经济学动态，2015（6）：45 - 55.

[43] 毛捷，曹婧，杨晨曦. 营改增对企业创新行为的影响——机制分析与实证检验 [J]. 税务研究，2021（7）：12 - 19.

[44] 毛其淋. 人力资本推动中国加工贸易升级了吗 [J]. 经济研究，2019（1）：52 - 67.

[45] 毛蕴诗，郑奇志. 基于微笑曲线的企业升级路径选择模型——理论框架的构建与案例研究 [J]. 中山大学学报（社会科学版），2012，52（3）：162 - 174.

[46] 梅冬州，王子健，雷文妮. 党代会召开、监察力度变化与中国经济波动 [J]. 经济研究，2014，49（3）：47 - 61.

[47] 孟辉，白雪洁. 新兴产业的投资扩张、产品补贴与资源错配 [J]. 数量经济技术经济研究，2017，34（6）：20 - 36.

[48] 孟天广，苏政. "同侪效应"与"邻居效应"：地级市非税收入规模膨胀的政治逻辑 [J]. 经济社会体制比较，2015（2）：165 - 176.

[49] 倪红福，龚六堂，王茜萌. "营改增"的价格效应和收入分配

效应［J］. 中国工业经济, 2016 (12): 23 – 39.

［50］倪娟, 彭凯, 苏磊. 增值税非税收中性? ——基于可抵扣范围与税负转嫁能力的分析框架［J］. 会计研究, 2019 (10): 50 – 56.

［51］倪婷婷, 王跃堂, 王帅. "营改增" 改革, 产业联动与制造业升级——基于减税与生产性服务业集聚的机制检验［J］. 上海财经大学学报, 2020, 22 (4): 18 – 31.

［52］庞伟, 孙玉栋. 地方税收增长与政治周期的关系研究［J］. 当代财经, 2018 (9): 26 – 37.

［53］彭飞, 毛德凤. "营改增" 的出口效应和生产率效应——基于行业关联的解释［J］. 产业经济研究, 2018 (1): 52 – 64.

［54］彭飞, 范子英. 税收优惠、捐赠成本与企业捐赠［J］. 世界经济, 2016, 39 (7): 144 – 167.

［55］彭飞, 许文立, 范美婷. "营改增" 对城市发展的影响及其作用机制研究［J］. 财政研究, 2018 (3): 99 – 111.

［56］彭飞, 许文立, 吕鹏, 吴华清. 未预期的非税负担冲击: 基于 "营改增" 的研究［J］. 经济研究, 2020 (11): 67 – 83.

［57］钱学锋, 潘莹, 毛海涛. 出口退税、企业成本加成与资源误置［J］. 世界经济, 2015 (8): 80 – 106.

［58］乔俊峰, 张春雷. "营改增"、税收征管行为和企业流转税税负——来自中国上市公司的证据［J］. 财政研究, 2019 (7): 77 – 89.

［59］乔睿蕾, 陈良华. 税负转嫁能力对 "营改增" 政策效应的影响——基于现金—现金流敏感性视角的检验［J］. 中国工业经济, 2017 (6): 117 – 135.

［60］邱红, 林汉川. 全球价值链、企业能力与转型升级——基于我国珠三角地区纺织企业的研究［J］. 经济管理, 2014 (8): 66 – 77.

［61］盛明泉, 吴少敏, 盛安琪. "营改增" 对生产性服务业企业全要素生产率的影响研究［J］. 经济经纬, 2020, 37 (2): 150 – 158.

［62］宋弘, 陆毅. 如何有效增加理工科领域人才供给?——来自拔

尖学生培养计划的实证研究［J］. 经济研究, 2020, 55 (2): 52 - 67.

［63］苏杭. 要素禀赋与中国制造业产业升级——基于WIOD和中国工业企业数据库的分析［J］. 管理世界, 2017 (4): 70 - 79.

［64］孙正. 流转税改革促进了产业结构演进升级吗?——基于"营改增"视角的PVAR模型分析［J］. 财经研究, 2017 (2): 70 - 84.

［65］孙正, 陈旭东. "营改增"是否提升了服务业资本配置效率?［J］. 中国软科学, 2018 (11): 22 - 35.

［66］孙正, 陈旭东, 雷鸣. "营改增"是否提升了全要素生产率?——兼论中国经济高质量增长的制度红利［J］. 南开经济研究, 2020 (1): 113 - 129.

［67］孙正, 李学军. 基于"营改增"视角的流转税改革优化了国民收入分配格局吗?［J］. 上海经济研究, 2015 (2): 113 - 129.

［68］唐荣, 顾乃华. 竞争兼容性政策, 制度环境差异与企业价值链升级［J］. 经济与管理研究, 2021 (2): 12 - 27.

［69］唐珏, 封进. 社会保险缴费对企业资本劳动比的影响——以21世纪初省级养老保险征收机构变更为例［J］. 经济研究, 2021 (11): 87 - 101.

［70］唐云锋, 马春华. 财政压力、土地财政与"房价棘轮效应"［J］. 财贸经济, 2017, 38 (11): 39 - 54.

［71］童锦治, 苏国灿, 魏志华. "营改增"、企业议价能力与企业实际流转税税负——基于中国上市公司的实证研究［J］. 财贸经济, 2015 (11): 16 - 28.

［72］王桂军, 曹平. "营改增"对制造业企业自主创新的影响——兼议制造业企业的技术引进［J］. 财经研究, 2018, 44 (3): 4 - 19.

［73］王佳杰, 童锦治, 李星. 税收竞争、财政支出压力与地方非税收入增长［J］. 财贸经济, 2014 (5): 27 - 38.

［74］王健, 黄静, 吴群. "营改增"下的土地财政:建设用地规划指标的约束［J］. 财经研究, 2019, 45 (6): 17 - 28.

[75] 王健，吴群，彭山桂，李永乐."营改增"是否影响了地方政府土地财政收入 [J]. 财贸研究，2017，28（12）：82-94.

[76] 王志刚，龚六堂. 财政分权和地方政府非税收入：基于省级财政数据 [J]. 世界经济文汇，2009（5）：17-38.

[77] 肖洁，龚六堂，张庆华. 财政支出的政治周期与激励机制 [J]. 财政研究，2015（7）：6-16.

[78] 肖叶. 财政支出竞争，城投债发行与城市经济增长——基于财政支出压力视角 [J]. 中南财经政法大学学报，2021（3）：64-75.

[79] 谢获宝，惠丽丽. 营改增政策提高了服务业企业的全要素生产率吗？[J]. 管理评论，2021（1）：3-12.

[80] 徐超，庞雨蒙，刘迪. 地方财政压力与政府支出效率——基于所得税分享改革的准自然实验分析 [J]. 经济研究，2020，55（6）：138-154.

[81] 徐康宁，冯伟. 基于本土市场规模的内生化产业升级：技术创新的第三条道路 [J]. 中国工业经济，2010（11）：58-67.

[82] 许家云，毛其淋，胡鞍钢. 中间品进口与企业出口产品质量升级：基于中国证据的研究 [J]. 世界经济，2017（3）：52-75.

[83] 杨灿明. 减税降费：成效、问题与路径选择 [J]. 财贸经济，2017，38（9）：5-17.

[84] 杨得前，刘仁济. 税式支出、财政补贴的转型升级激励效应——来自大中型工业企业的经验证据 [J]. 税务研究，2017（7）：87-93.

[85] 杨振，陈甬军. 中国制造业资源误置及福利损失测度 [J]. 经济研究，2013（3）：44-56.

[86] 袁从帅，刘晔，王治华."营改增"对企业投资、研发及劳动雇佣的影响——基于中国上市公司双重差分模型的分析 [J]. 中国经济问题，2015（4）：3-13.

[87] 袁从帅，罗杰，秦愿. 税制优化与中国经济结构调整——基于营改增的实证研究 [J]. 税务研究，2019（9）：34-41.

[88] 袁建国，胡明生，唐庆. 营改增对企业技术创新的激励效应

[J]. 税务研究，2018（3）：44-50.

[89] 张杰. 中国政府创新政策的混合激励效应研究 [J]. 经济研究，2021（8）：160-173.

[90] 张杰，刘元春，郑文平. 为什么出口会抑制中国企业增加值率？——基于政府行为的考察 [J]. 管理世界，2013（6）：12-27.

[91] 张敏. 营商制度环境对企业家精神的影响研究——以中国地方行政审批改革为例 [J]. 中央财经大学学报，2021（6）：90-103.

[92] 张天华，张少华. 偏向性政策，资源配置与国有企业效率 [J]. 经济研究，2016，51（2）：126-139.

[93] 张同斌，高铁梅. 财税政策激励、高新技术产业发展与产业结构调整 [J]. 经济研究，2012（5）：58-70.

[94] 张瑶，朱为群. 我国企业税负"痛感"凸显之谜探析 [J]. 南方经济，2017（6）：44-52.

[95] 赵新宇，郑国强. 地方经济增长目标与要素市场扭曲 [J]. 经济理论与经济管理，2020（10）：37-49.

[96] 甄珍，王凤彬. 全球价值链嵌入企业转型升级研究述评 [J]. 管理评论，2020，32（8）：254-269.

[97] 中国财政科学研究院"降成本"东北调研组. 东北三省实体经济企业成本与负担情况调研 [J]. 财政科学，2016（9）：5-16.

[98] 中国经济增长前沿课题组. 中国经济增长的低效率冲击与减速治理 [J]. 经济研究，2014，49（12）：4-17.

[99] 中国经济增长与宏观稳定课题组. 资本化扩张与赶超型经济的技术进步 [J]. 经济研究，2010（15）：43-47.

[100] 周凤珍，武玲玲. 企业社会保险费纳入增值税抵扣范围的思考 [J]. 税务研究，2017（2）：101-104.

[101] 周世愚. 中国式政治周期影响财政努力吗 [J]. 社会科学，2017（1）：21-29.

[102] Acemoglu D. Introduction to modern economic growth [J]. Journal

of Economic Theory, 2012, 147 (2): 545 – 550.

[103] Achabou M A, Dekhili S, Hamdoun M. Environmental upgrading of developing country firms in global value chains [J]. Business Strategy and the Environment, 2017, 26 (2): 224 – 238.

[104] Ackerberg D A, Caves K, Frazer G. Identification properties of recent production function estimators [J]. Econometrica, 2015, 83 (6): 2411 – 2451.

[105] Alt, J. E. , and D. D. Lassen. Fiscal transparency, political parties, and debt in OECD countries [J]. European Economic Review, 2006, 50 (6): 1403—1439.

[106] Altenburg T, Hampel – Milagrosa A, Loewe M. A decade on: How relevant is the regulatory environment for micro and small enterprise upgrading after all? [J]. The European Journal of Development Research, 2017, 29 (2): 457 – 475.

[107] Angrist J D, Pischke J S. Mastering' metrics: The Path from Cause to effect [M]. Princeton University Press, 2014.

[108] Bai J, Lu J, Li S. Fiscal pressure, tax competition and environmental pollution [J]. Environmental and Resource Economics, 2019, 73 (2): 431 – 447.

[109] Banerjee A, Duflo E, Qian N. On the road: Access to transportation infrastructure and economic growth in China [J]. Journal of Development Economics, 2020, 145: 102442.

[110] Besley, T. , and T. Persson. Taxation and development [J]. Handbook of Public Economics, 2013 (5): 51 – 110.

[111] Brasch T V, Cappelen, Hungnes H, Skjerpen T. Modeling R&D spillovers to productivity: The effects of tax credits [J]. Economic Modelling, 2021 (101): 105545.

[112] Cai H, Chen Y, Gong Q . Polluting thy neighbor: Unintended consequences of Chinas pollution reduction mandates [J]. Journal of Environ-

mental Economics & Management，2016，76（3）：86 – 104.

［113］Cai J，Harrison A. Industrial policy in China：Some unintended consequences?［J］. Industrial and Labor Relations Review，2018，74（2）：1 – 36.

［114］Caldeira E，Rota – Graziosi G. The crowding-in effect of simple unconditional central grants on local own-source revenue：The case of Benin ［J］. Journal of African Economies，2014，23（3）：361 – 387.

［115］Cao J，Qiu L D，Zhou M. Who invests more in advanced abatement technology? theory and evidence［J］. Canadian Journal of Economics/Revue Canadienne D'économique，2016，49（2）：637 – 662.

［116］Cappelen Å，Raknerud A，Rybalka M. The effects of R&D tax credits on patenting and innovations［J］. Research Policy，2012，41（2）：334 – 345.

［117］Chen S X. VAT rate dispersion and TFP loss in China's manufacturing sector［J］. Economics Letters，2017（155）：49 – 54.

［118］Chen S X. The effect of a fiscal squeeze on tax enforcement：Evidence from a natural experiment in China［J］. Journal of Public Economics，2017（147）：62 – 76.

［119］Cheng C. China's Economic Development：Growth and Structural Change［M］. Routledge，2019.

［120］Chow G C，Li K W. China's economic growth：1952 – 2010［J］. Economic Development and Cultural Change，2002，51（1）：247 – 256.

［121］Cooper M J，Gulen H，Ovtchinnikov A V. Corporate political contributions and stock returns［J］. The Journal of Finance，2010，65（2）：687 – 724.

［122］Dang T V，Wang Y，Wang Z. The effects of mandatory pollution abatement on corporate investment and performance：Theory and evidence from a U. S. regulation［J］. 2019 Financial Management Association European Conference，2019.

［123］Domeij D，Heathcote J. On the distributional effects of reducing capital taxes [J]. International Economic Review, 2004, 45 (2): 523 – 554.

[124] Fang, H., Bao, Y., & Zhang, J.. Asymmetric reform bonus: The impact of VAT pilot expansion on China's corporate total tax burden [J]. China Economic Review, 2017 (46): 17 – 34.

[125] La Ferrara E, Chong A, Duryea S. Soap operas and fertility: Evidence from Brazil [J]. American Economic Journal: Applied Economics, 2012 (4): 1 – 31.

[126] Fowlie M. Emissions trading, electricity restructuring, and investment in pollution abatement [J]. The American Economic Review, 2010, 100 (3): 837 – 69.

[127] Freeman C, Soete L. The Economics of Industrial Innovation [M]. Cambridge: MIT Press, 1997.

[128] Gans J S, Stern S. The product market and the market for "ideas": Commercialization strategies for technology entrepreneurs [J]. Research Policy, 2003, 32 (2): 333 – 350.

[129] Gemmell N, Kneller R, McGowan D, Sanz I, Sanz – Sanz, J. F. Corporate taxation and productivity catch-up: Evidence from European firms [J]. The Scandinavian Journal of Economics, 2018, 120 (2): 372 – 399.

[130] Gereffi G. International trade and industrial upgrading in the apparel commodity chain [J]. Journal of International Economics, 1999, 48 (1): 37 – 70.

[131] Gereffi G, Lee J. Economic and social upgrading in global value chains and industrial clusters: Why governance matters [J]. Journal of Business Ethics, 2016, 133 (1): 25 – 38.

[132] Giuliani E, Pietrobelli C, Rabellotti R. Upgrading in global value chains: Lessons from Latin American clusters [J]. World Development, 2005, 33 (4): 549 – 573.

[133] Guo G. China's local political budget cycles [J]. American Journal of Political Science, 2009, 53 (3): 621 – 632.

［134］ Hampel – Milagrosa A. Micro and small enterprise upgrading in the Philippines：The role of the entrepreneur, enterprise, networks and business environment ［J］. Studies, 2014 (86).

［135］ Hampel – Milagrosa A, Loewe M, Reeg C. The entrepreneur makes a difference：Evidence on MSE upgrading factors from Egypt, India, and the Philippines ［J］. World Development, 2015 (66)：118 – 130.

［136］ Hao Y, Deng Y, Lu Z N, Chen H. Is environmental regulation effective in China? Evidence from city-level panel data ［J］. Journal of Cleaner Production, 2018 (188)：966 – 976.

［137］ He G, Wang S, Zhang B. Watering down environmental regulation in China ［J］. The Quarterly Journal of Economics, 2020, 135 (4)：2135 – 2185.

［138］ Hoseini M, Briand O. Production efficiency and self-enforcement in value-added tax：Evidence from state-level reform in India ［J］. Journal of Development Economics, 2020 (144)：102462.

［139］ Howell A. Firm R&D, innovation and easing financial constraints in China：Does corporate tax reform matter? ［J］. Research Policy, 2016, 45 (10)：1996 – 2007.

［140］ Hsieh C T, Klenow P J. Misallocation and manufacturing TFP in China and India ［J］. The Quarterly Journal of Economics, 2009, 124 (4)：1403 – 1448.

［141］ Huiban J P, Mastromarco C, Musolesi A, Simioni M. The impact of pollution abatement investments on technology：Porter hypothesis revisited ［R］. SEEDS Working Paper Series, 2015 (8).

［142］ Humphrey J, Schmitz H. Governance and Upgrading：Linking Industrial Cluster and Global Value Chain Research ［M］. Brighton：Institute of Development Studies, 2000.

［143］ Humphrey J, Schmitz H. How does insertion in global value chains

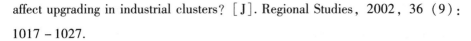
affect upgrading in industrial clusters? [J]. Regional Studies, 2002, 36 (9):
1017 – 1027.

[144] Hutchinson J, Persyn D. Globalisation, concentration and footloose firms: In search of the main cause of the declining labour share [J]. Review of World Economics, 2012, 148 (1): 17 – 43.

[145] Jaimovich N, Rebelo S. Nonlinear effects of taxation on growth [J]. Journal of Political Economy, 2017, 125 (1): 265 – 291.

[146] Jiang F X, Cai W J, Cai X N, Li X. Microeconomic effects of bank competition: Evidence from corporate financial constraints [J]. Economic Research Journal, 2019, 54 (6): 72 – 88.

[147] Kaplinsky R, Readman J. Globalization and upgrading: What can (and cannot) be learnt from international trade statistics in the wood furniture sector? [J]. Industrial and Corporate Change, 2005, 14 (4): 679 – 703.

[148] Karabarbounis L, Neiman B. The global decline of the labor share [J]. The Quarterly Journal of Economics, 2014, 129 (1): 61 – 103.

[149] Kluve J, Schneider H, Uhlendorff A, Zhao Z. Evaluating continuous training programmes by using the generalized propensity score [J]. Journal of the Royal Statistical Society: Series A (Statistics in Society), 2012, 175 (2): 587 – 617.

[150] Lee A I, Alm J. The Clean Air Act amendments and firm investment in pollution abatement equipment [J]. Land Economics, 2004, 80 (3): 433 – 447.

[151] Levinsohn J, Petrin A. Estimating production functions using inputs to control for unobservables [J]. The Review of Economic Studies, 2003, 70 (2): 317 – 341.

[152] Li H, Zhou L A. Political turnover and economic performance: The incentive role of personnel control in China [J]. Journal of Public Economics, 2005, 89 (9 – 10): 1743 – 1762.

[153] Li P, Lu Y, Wang J. Does flattening government improve economic performance? Evidence from China [J]. Journal of Development Economics, 2016 (123): 18 – 37.

[154] Lin J Y, Cai F, Li Z. Competition, policy burdens, and state-owned enterprise reform [J]. The American Economic Review, 1998, 88 (2): 422 – 427.

[155] Liu Y, Mao J. How do tax incentives affect investment and productivity? Firm-level evidence from China [J]. American Economic Journal: Economic Policy, 2019, 11 (3): 261 – 291.

[156] Liu Q, Lu Y. Firm investment and exporting: Evidence from China's value-added tax reform [J]. Journal of International Economics, 2015, 97 (2): 392 – 403.

[157] Liu Y. Government extraction and firm size: Local officials' responses to fiscal distress in China [J]. Journal of Comparative Economics, 2018, 46 (4): 1310 – 1331.

[158] López – Hernández A M, Zafra – Gómez J L, Plata – Díaz A M, de la Higuera – Molina, E. J. Modeling fiscal stress and contracting out in local government: The influence of time, financial condition, and the great recession [J]. The American Review of Public Administration, 2018, 48 (6): 565 – 583.

[159] Maisseu A, Voss A. Energy, entropy and sustainable development [J]. International Journal of Global Energy Issues, 1995, 8 (1 – 3): 201 – 220.

[160] Maung M, Wilson C, Tang X. Political connections and industrial pollution: Evidence based on state ownership and environmental levies in China [J]. Journal of Business Ethics, 2016, 138 (4): 649 – 659.

[161] Midrigan V, Xu D Y. Finance and misallocation: Evidence from plant-level data [J]. The American Economic Review, 2014, 104 (2): 422 – 458.

[162] Moll B. Productivity losses from financial frictions: Can self-finan-

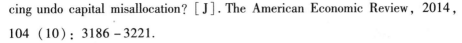
cing undo capital misallocation? [J]. The American Economic Review, 2014, 104 (10): 3186 –3221.

[163] Moore M. Between coercion and contract: Competing narratives on taxation and governance [A]. Taxation and state building in developing countries: Capacity and consent [C]. 2008: 34 –63.

[164] Moore M. Revenue reform and state building in Anglophone Africa [J]. World Development, 2014 (60): 99 –112.

[165] Moser P, Voena A. Compulsory licensing: Evidence from the trading with the enemy act [J]. The American Economic Review, 2012, 102 (1): 396 –427.

[166] Mourre G, Reut A. Non-tax revenue in the European Union: A source of fiscal risk? [J]. International Tax and Public Finance, 2019, 26 (1): 198 –223.

[167] Mukherjee A, Singh M, Žaldokas A. Do corporate taxes hinder innovation? [J]. Journal of Financial Economics, 2017, 124 (1): 195 –221.

[168] Pakes A, Olley G S. The Dynamics of Productivity in the Telecommunications Equipment Industry [M]. NBER Working Paper No. 3977, 1992.

[169] Parsons M. Rewarding innovation: Improving federal tax support for business R&D in Canada [R]. CD Howe Institute, 2011.

[170] Peng F, Peng L, Wang Z. How do VAT reforms in the service sectors impact TFP in the manufacturing sector: Firm-level evidence from China [J]. Economic Modelling, 2021a (99): 105483.

[171] Peng F, Peng L, Mao J, Lu P. The short-run effect of a local fiscal squeeze on pollution abatement expenditures: Evidence from China's VAT pilot program [J]. Environmental and Resource Economics, 2021b, 78 (3): 453 –485.

[172] Peng F, Wang L, Shi X, Wu H. Does value-added tax reform in services accelerate enterprise upgrading? Micro evidence from China [J]. Applied Economics, 2022, 54 (9): 1093 –1109.

［173］ Piketty T. Capital in the Twenty-first Century ［M］. Harvard University Press，2018.

［174］ Qi Y，Zhang L. Local environmental enforcement constrained by central-local relations in China ［J］. Environmental Policy and Governance，2014，24（3）：216 –232.

［175］ Qian Y. A theory of shortage in socialist economies based on the "soft budget constraint" ［J］. The American Economic Review，1994：145 –156.

［176］ Rao N. Do tax credits stimulate R&D spending? The effect of the R&D tax credit in its first decade ［J］. Journal of Public Economics，2016（140）：1 –12.

［177］ Reeg C. Micro，small and medium enterprise upgrading in low-and middle-income countries：A literature review ［R］. Discussion Paper，2013.

［178］ Ren S，Li X，Yuan B，Li D，Chen X. The effects of three types of environmental regulation on eco-efficiency：A cross-region analysis in China ［J］. Journal of Cleaner Production，2018（173）：245 –255.

［179］ Sanogo T，J F Brun. The effect of central grants on local tax and non-tax revenue mobilisation in a conflict setting：Evidence from Côte d'Ivoire ［R］. ICTD Working Paper No. 12774，2016.

［180］ Shadbegian Ronald J，Wayne B Gray. Pollution abatement expenditures and plant-level productivity：A production function approach ［J］. Ecological Economics，2005，54（2 –3）：196 –208.

［181］ Stoerk T. Effectiveness and cost of air pollution control in China ［R］. Grantham Research Institute on Climate Change and the Environment，2018.

［182］ Su Z F，Chen C N，Lan J J. Business tax replaced with VAT reform and labor share：Evidence from Chinese listed companies ［J］. Finance & Trade Economics，2021，42（1）：44 –61.

［183］ Tiebout C M. A pure theory of local expenditures ［J］. Journal of Political Economy，1956，64（5）：416 –424.

［184］ Verhoogen E A. Trade, quality upgrading, and wage inequality in the Mexican manufacturing sector ［J］. The Quarterly Journal of Economics, 2008, 123 （2）: 489 – 530.

［185］ Wang H. Pollution regulation and abatement efforts: Evidence from China ［J］. Ecological Economics, 2002, 41 （1）: 85 – 94.

［186］ Wang Q, Zhao Z, Shen N, Liu, T. Have Chinese cities achieved the win-win between environmental protection and economic development? from the perspective of environmental efficiency ［J］. Ecological Indicators, 2015 （51）: 151 – 158.

［187］ Wang S, Wang W, Song J, Zhao, J. Calculation of the fiscal transfer payments after Value – Added Tax expansion reform in China ［C］// Proceedings of 2014 1st international conference on industrial economics and industrial security. Springer, Berlin, Heidelberg, 2015: 55 – 59.

［188］ Wolman H. Understanding local government responses to fiscal pressure: A cross national analysis ［J］. Journal of Public Policy, 1983, 3 （3）: 245 – 263.

［189］ Wu B, Liang H, Shen Y. Political connection, ownership, and post-crisis industrial upgrading investment: Evidence from China ［J］. Emerging Markets Finance and Trade, 2018, 54 （12）: 2651 – 2668.

［190］ Wu G L. Capital misallocation in China: Financial frictions or policy distortions? ［J］. Journal of Development Economics, 2018 （130）: 203 – 223.

［191］ Wu J, Deng Y, Huang J, Yeung B. Incentives and outcomes: China's environmental policy ［R］. NBER Working Paper No. 18754, 2013.

［192］ Wu Y. China's Economic Growth: A Miracle with Chinese Characteristics ［M］. Routledge, 2004.

［193］ Xiao C. Intergovernmental revenue relations, tax enforcement and tax shifting: Evidence from China ［J］. International Tax and Public Finance,

2020, 27 (1): 128 – 152.

[194] Xu W, Zeng Y, Zhang J. Tax enforcement as a corporate govern-ance mechanism: Empirical evidence from China [J]. Corporate Governance: An International Review, 2011, 19 (1): 25 – 40.

[195] Yamamura E, Kondoh H. Government transparency and expendi-ture in the rent-seeking industry: The case of Japan for 1998 – 2004 [J]. Con-temporary Economic Policy, 2013, 31 (3): 635 – 647.

[196] Yu J, Qi Y. BT-to-VAT reform and firm productivity: Evidence from a quasi-experiment in China [J]. China Economic Review, 2021: 101740.

[197] Zhang D, Du W, Zhuge L, Tong Z, Freeman R B. Do financial constraints curb firms' efforts to control pollution? Evidence from Chinese manufac-turing firms [J]. Journal of Cleaner Production, 2019 (215): 1052 – 1058.

[198] Zhang L, Chen Y, He Z. The effect of investment tax incentives: Evidence from China's value-added tax reform [J]. International Tax and Public Finance, 2018, 25 (4): 913 – 945.

[199] Zhao X, Sun B. The influence of Chinese environmental regulation on corporation innovation and competitiveness [J]. Journal of Cleaner Produc-tion, 2016 (112): 1528 – 1536.

[200] Zou J, Shen G, Gong Y. The effect of value-added tax on leverage: Evidence from China's value-added tax reform [J]. China Economic Review, 2019 (54): 135 – 146.

[201] Zwick E, Mahon J. Tax policy and heterogeneous investment behav-ior [J]. The American Economic Review, 2017, 107 (1): 217 – 248.

致　　谢

感谢国家社科基金重大项目"新时代背景下我国经济发展质量动态评价及其政策协同研究"（批准号：18ZDA064）、国家自然科学基金青年项目"新发展理念下我国企业升级的税制驱动和税制扭曲：基于'营改增'视角的理论与实证研究"（批准号：71803035）、中央高校基本科研业务费专项资金项目"微观视角下实质性减税的经济效应与绿色效应研究"（批准号：JZ2021HGTB0067）的资助。同时还感谢上海财经大学公共经济与管理学院范子英教授对本书创作过程中给予的充分指导和帮助。